박정희, 동반성장의 경제학

박정희, 동반성장의 경제학

좌승희 저

기파랑

이 책은 다음 두 글을 통합하여 수정, 확대, 보완한 것이다.

- "동반성장 친화적 정치경제체제를 찾아" (『한국경제포럼』 제8권 4호, 한국경제학회, 2015)
- "박정희 산업혁명: 세계 최고의 동반성장, 성과와 교훈" (박정희대통령기념재단 주최 심포지엄 '위기의 대한민국, 박정희에게 길을 묻다', 2016. 6. 15 발표 및 『경제논집』 제55권 1호, 서울대학교 경제연구소, 2016 게재)

본서는 박정희 경제발전 정책에 대한 연구서이다. 박정희 산업혁명이 어떻게 당시 세계 최고의 동반성장을 가져왔는지를 이론적 분석과 경제사적 비교분석을 통해 밝히고, 그 교훈을 오늘날에 살려 '저성장·양극화'의 함정에 빠진 한국경제의 재도약을 위한 국가제도 및 정책 개혁 방안을 제시하고 있다.

본서는 필자의 그동안의 경제발전에 대한 연구의 연장선 상에 있다. 필자의 박정희에 대한 연구의 전편인 『박정희, 살아 있는 경제학』(좌승희 2015)에 비해 본서는 박정희 산업혁명의 성공 요인에 대한 관점은 대동소이하지만, 보다 심층적인 정치·경제적 이론 분석과 다양한 실증적 자료 분석으로 주장을 보다 보강하고 설득력을 높임과 동시에, 오늘날의 난국을 헤쳐 나갈 국가운영의 새로운 패러다임을 제시하는 데 보다 많은 지면을 할애하였다. 특히 동반성장의 회복을 위한 경제기술적인 정책 대안을 넘어 정치·경제·사회적 제도와 정책 개혁 방안에 대한 광범위한 대안을 제시하고 있다.

한국 사회가 혁명적 발상으로 그동안 잘못 걸어온 길을 과감히 탈피하여 동반성장·발전 친화적 국가체제로 대전환하기를 간절히 바라면서 강호제현의 기탄없는 평가와 질책을 기대한다.

2017년 10월

저자 좌 승 희

│ **차례**

| 차례

| 차례

서론

경제평등을 추구한 사회, 저성장·양극화에 직면하다

오늘날 세계경제는 물론 세계 경제학계도 풀기 어려운 난제에 직면하고 있다.

그동안 세계경제는 19세기 자본주의 산업혁명 이후 200여 년간 인류 역사상 최초의 괄목할 만한 성장을 시현하면서 누대에 걸친 농경사회의 '맬서스 함정'이라는 인류 빈곤의 오랜 역사를 벗어나는 데 성공하였다. 그러나 세계 제2차대전 이후 자본주의 경제는 사회주의 체제와의 체제경쟁 속에서 더욱 더 새로운 변신을 통하여 경제적으로 보다 평등한 사회를 건설하기 위해 노력해 왔다. "자본주의는 경제적 불평등을 초래하는 모순된 체제"라는 카를 마르크스의 이념에 따라 등장한 사회주의 경제평등 이념과의 대결 속에서, 수정

자본주의 체제 혹은 사회민주주의 체제라는 **경제평등주의 정치경제 체제**를 구축하여 제도와 정책적 측면에서 경제적으로 평등한 사회를 지향해 왔다. 그러나 역설적으로 이제 전 세계 자본주의 경제는 원하지도 않았을 뿐만 아니라 목적하지도 않았던 결과인, '장기 성장정체와 양극화'라는 난제에 부딪치게 되었다.

일부에서는 1980년대의 신자유주의 열풍이 이 문제의 원인이라 주장하기도 하지만, 필자의 판단으로는 60여 년의 전후 역사 속에서 보면 영미 중심의 신자유주의는 수정자본주의 혹은 사회민주주의의 대세 속의 '찻잔 속의 태풍'에 불과하였다고 생각한다.

정도는 다르지만 오늘날 지구상에 사회민주주의 이념을 수용하지 않는 나라가 있는가? 북한을 제외하고 사회주의 체제는 공식적으로 사라졌지만 사회주의 경제평등 이념은 자본주의 체제 속에 공고히 자리 잡고 있다고 생각한다. 유럽 국가들의 사회민주주의 체제가 다 그러하고, 2차대전 이후 독립한 신생국들의 경우도 독재정치를 경험한 나라가 많지만 대부분 유럽 식민국들을 따라 사회민주주의 이념을 수용하고 있으며, 사회주의에서 전환한 거의 모든 나라가 중국을 제외하고는 다 사회민주주의를 따르고 있고, '잃어버린 20년'을 경험하고 있는 일본도 1970년대부터 서구식 사회민주주의를 추종해 왔다. 영미의 경우도 신자유주의를 천명하기도 했었지만, 정도의 차이가 있으나 일관되게 수정자본주의 체제 하의 복지국가를 지향해 왔다.

이렇게 보면 지난 60년 이상 인류는 정치경제체제나 정책적으로 모두 '더불어 잘사는 경제적으로 평등한 행복한 사회'를 지향해 왔다. 오늘날 세계 어느 나라 민주정치가 경제적 불평등을 방치하겠다는 나라가 있는가? 이제 '경제적 평등'은 민주주의와 더불어 누구도 감히 범접(犯接)할 수 없는 하느님이 되었다. 반면 '경제적 불평등'은 이제 만인의 적이 되었다. 그런데 오늘날 세계경제 현실은 어떤가? 그동안 열심히 경제평등을 추구했더니 웬걸, 평등은 고사하고 불평등의 심화에 성장의 정체까지 경험하고 있지 않은가? 이 역설을 어찌할 것인가?

세계 경제학계는 더 곤란한 지경에 봉착하고 있다. 그동안 경제학은 정치경제학에서 벗어나 소위 현실경제의 정치경제제도적 환경의 차이를 사상(捨象)한(institution-free) '보편적 과학으로서의 순수경제학'을 정립하여 노벨상의 반열에 올랐으나, 오늘날 세계경제가 부딪친 '저성장과 양극화' 문제에 대해서는 '신 정상상태(new normal)'라고나 몰라라고 하고 있으니 이야말로 경제학의 수치가 아닌가 싶다.[1]

그동안 경제학은 무엇을 했는가? 정치권이 요구하는 수정자본주의를 뒷받침한다고 규범적 복지경제학을 창안하고, 각종의 재분배 정책을 통해 자본주의 불평등 모순을 해결하여 모두 행복한 경제사회를 만든다고 노력했다. 전후 지난 60여 년간 **평등주의 정치경제체**

---

1 신 정상상태 주장에 대해서는 El-Erian (2010), Cowen (2011), Summers (2013, 2014, 2016), Gordon (2016)과 Krugman (2013) 등 참조.

제를 구축하는 데 가장 적극적인 기여를 한 것이 경제학이 아니었던 가. 그런데 그 결과가 그동안의 노력과는 정반대로 나왔으니 난 이 제 더 이상 무엇을 어찌해야 할지 모르겠다고, 이것이 혹시 새로운 정상이 아닐까 하는 푸념이 나올 만도 하다 하겠다.

오늘날 인류의 정치경제체제는 마르크스의 노동자 무력혁명이 아니라 '민주적 방식'에 의해 사회주의 경제평등 이념을 달성할 수 있다는 '사회민주주의 체제'가 가장 포퓰러한 정치경제체제로 자리 잡았다고 생각한다. 오랜 냉전 끝에 인류는 공산당 일당독재의 사회 주의 체제를 넘어 '자유민주주의와 시장경제 체제'라는 인류의 보 편적 가치를 확립했다는 주장도 있으나(Fukuyama 1992), 이 두 정치 와 경제 체제는 이론적으로나 경험적으로 볼 때 양립하기가 어렵고 결국은 경제평등주의적 정치경제체제인 사회민주주의 체제로 변질 될 수밖에 없음이 곳곳에서 노정되고 있다.[2] 지난 60여 년의 인류의 여정은 사회주의 체제든 자본주의 체제든 경제적으로 평등한 사회 를 지향해 왔으나 그 결과는 오히려 반대로 나타나고 있는 셈이다. 경제적 평등을 추구했더니 경제성장의 정체와 더불어 오히려 불평 등이 심화된 것이다.

이 문제는 오히려 한국경제의 경험에 비추어 보면 더 흥미롭다. 한국경제는 1960년대에서 1980년대까지 30여 년의 개발연대 기간

---

2 후술하는 제2, 3장이 각각 이론적 분석과 경험적 관찰을 통해 이를 입증하게 될 것이다.

을 '권위주의적 정치'와, 주류경제학의 견지에서 보면 이단적인 '정부 주도의 경제발전전략' 하에 소위 한강의 기적이라는 **당대 최고의 동반성장**(同伴成長)을 이뤘으나, 1990년대부터는 경제의 선진화를 위해 소위 각종의 불평등을 초래한 개발연대 국가운영 방식을 청산하고, 경제민주화와 경제평등, 균형발전, 민주주의와 시장경제 중심으로 국가운영 방식을 전환한다고 30여 년을 OECD 표준을 모방하는 데 노력하였다. 그러나 오늘날 한국경제 또한 2~3퍼센트대의 **잠재성장률의 정체와 분배의 양극화**를 포함, 각종의 경제사회문제에 봉착하고 있다.

그럼 무엇이 문제이고 해법은 무엇인가? 개발연대 박정희 산업혁명의 성공은 어디서 왔고 오늘날의 실패는 어디서 왔는가? 한국경제의 재도약을 위한 교훈은 무엇인가? 본서는 바로 이들 질문에 대한 답을 찾고자 하는 목적을 갖고 있다. 특히 박정희 시대가 가져온 세계 최고의 동반성장 경험의 성공 요인과 오늘날에의 교훈을 밝혀보고자 하는 것이다.

이를 위해서 우선 오늘날의 저성장·양극화 문제를 보다 설득력 있게 설명할 수 있을 뿐만 아니라, 서구의 산업혁명은 물론이고 일본의 메이지유신, 한국의 박정희 시대, 중국의 덩샤오핑(등소평) 시대 등 주류 경제학이 소위 이단적이라 보는 동북아의 비민주적 정부 주도 하의 경제도약 과정을 종합적으로 설명할 수 있는 '경제발전의 일반이론'(Jwa 2016; 좌승희 2006, 2008, 2012)을 소개한다. 이 이론이 바로 박정희 산업혁명의 성공 요인과 동시에 오늘날의 선진국 도약 실패 원인을 규명하는 이론적 근거가 될 것이다. 그리고 이런 분석을 통해 향후 한국경제의 재도약을 위한 국가제도 개혁과 정책개혁 대안들을 제시하게 될 것이다.

제1장에서는 저성장과 양극화에 대한 기존 주류 경제학의 원인 분석과 대처 방안을 비판적으로 개관하고자 한다.

제2장에서는 경제발전의 일반이론을 소개한다. 마르크스적 자본 주의모순론에서 벗어나 자본주의 경제의 특질과 변화 발전의 원리를 새롭게 제시하고, 그동안 경제발전에 대해 잘못 믿어 온 기존의 신화(myth)들의 허구성을 지적하고자 한다.

제3장에서는 자본주의 경제발전의 원리와 정치이념을 결합하여 현실적으로 가능한 복수의 정치경제체제를 정의하고, 20세기 세계 주요 경제의 발전 경험에 대한 관찰을 통해 각 체제의 경제발전 혹은 동반성장 친화성 여부를 분석한다.

제4장은 3장의 분석에 기초하여 지금의 저성장·양극화의 원인이 평등주의 정치체제에 있음을 밝히고, 향후 가장 지속가능한 동반성 장의 정치경제체제를 제안하고자 한다. 기존에 정치이념만의 관점에서 정의되던 정치체제를 이제 '정치가 경제 번영의 수단'이라는 새로운 시각에서 재정의되어야 한다고 주장한다.

제5장에서는 이상의 이론적 논의를 바탕으로 동반성장의 박정희

산업혁명의 성공 요인을 밝히고자 한다.

제6장에서는 지난 30여 년간 박정희 청산을 통해 추구한 선진화 노력이 저성장·양극화에 직면하게 된 원인을 규명하게 될 것이다.

제7장에서는 이상의 논의를 기초로 한국경제의 동반성장 회복을 위한 정치, 경제, 사회 개혁 과제들과 나아가 남북통일학의 새 패러다임을 제시한다.

이상의 내용을 결어에서 되짚어 보며, 박정희 산업혁명의 정책 패러다임 속에 동반성장의 비법이 있음을 재삼 강조하게 될 것이다.

01

저성장과 양극화의 원인

자본주의가 문제인가?

성장의 장기 정체와 불평등 심화 현상에 대한 학계의 주류 생각은, 저성장 추세는 저출산 고령화가 원인이며, 양극화는 특히 선진국의 경우 세계화와 신흥공업국들의 부상에 따른 경쟁의 심화와 IT화 등 기술혁신에 따른 기술 양극화로 저기술, 저임 근로계층의 부적응과 탈락에 따른 중산층 축소 등이 원인이라 주장하고 있다.[1] 다시 말해 세계화에 따른 경쟁 격화와 기술혁신 등에 부응하지 못하는 노동시장의 구조조정 지연이 양극화의 원인이라는 것이다.

그러나 이들 주장들은 필자의 눈에는 문제의 원인을 설명한다

---

1 이에 대해서는 Acemoglu and Autor (2011) 등 참조.

(explain)기보다 문제의 상황을 그냥 기술(describe)하는 것에 불과하여 해법을 찾는 데 크게 도움이 안 된다고 생각한다. 다시 말해 내생변수를 내생변수로 설명하는 꼴이니, 그냥 동어반복의 토톨로지(tautology)가 되고 진짜 외생적 원인변수를 찾는 데는 가까이 가지도 못하고 있다는 생각이다.

1. 저출산이 저성장의 원인? − 그 반대가 맞다

우선 저출산(과 그에 따른 고령화) 문제를 생각해 보자. 신고전파(Neoclassical) 성장론에서는 단순화된 모형의 경우는 인구증가율이 외생변수로서 성장률을 결정한다고 하지만, 실상은 인적 자본이 더 적절한 설명변수라고 할 수 있다. 그런데 인적 자본은 근로자 수와 그들이 체화한 지식(질)의 곱으로 표현된다. 따라서 저출산으로 근로자 수가 줄어들거나 정체된다고 하더라도 지식의 양이 증가하면 인적 자본의 크기는 오히려 증가할 수도 있는 것이다.

더구나 여기서 저출산을 외생변수처럼 취급하는 경향이 있지만, 사실은 출산율이야말로 내생변수가 아닌가. 왜 출산율이 떨어지는가? 자녀를 낳고 키우는 기회비용이 증가해서 그런 것이 아닌가. 가임 여성들의 경제 참여가 늘어 자녀를 낳고 키우는 기회비용이 너무 높아지면서 가정경제학이 시사하는 바와 같이 자녀의 숫자는 줄이고 그 질을 더 선호하게 되기 때문인 것이다.

　그럼 왜 여성의 경제 참여가 늘었는가? 그동안 경제학은 자녀를 낳고 키우는 일은 경제의 관점에서는 비생산적이니 보다 많은 여성들이 직업전선에 나가야 선진국이 된다고 주장해 오지 않았던가. 그리고 이것이 민주주의의 양성평등 이념에도 맞는다고 적극 장려한 것이 아니던가. 여성들로 하여금 자녀를 안 낳는 것이 더 좋다고 우리 모두가 장려해 온 결과가 바로 저출산 아닌가. 이런 외생적 원인인 반(反) 출산의 이념이 안 바뀌는 한, 돈을 아무리 쓴들 그 효과가 제대로 나타나겠는가. 어머니의 역할이 인류의 생존에 절대적일 뿐 아니라 경제적으로 제일 생산적이고 존경받는 일임을 다시 가르치는 일부터 시작함이 옳지 않겠는가.

　그러나 이 문제는 이런 가정(家庭) 안에서의 한계적 선택과 동시에, 가계주를 포함한 가계 전체의 소득수준과 안정적 직장에 대한 비전의 악화로 인한 코너 해(corner solution), 즉 강요된 선택의 결과일 수 있다고 생각한다. 즉, 저출산의 보다 근본적인 원인은 가임기의 청년세대들의 안정적인 소득원인 직장이 온전치 못한 까닭이라 해야 할 것이다. 따라서 만혼(晩婚)이 일반화되고 자녀수 또한 소수화될 수밖에 없지 않은가. 그럼 그 원인은 무엇인가? 바로 저성장에 따른 좋은 일자리 부족이 그 근본 원인이다. 저출산이 저성장의 원인이라 했는데, 실상은 거꾸로 저성장에 따른 소득원 상실이 저출산의 원인인 것이다.

한편, 소득증대에 따라 저출산이 불가피하다 하더라도 자녀의 질 문제를 고려하면 저출산 자체가 큰 문제일 수도 없는 일이다. 전후(戰後) 지난 60여 년의 역사는 바로 인적 자원이 성장에 도움이 된다고 해서 교육수준의 확대가 무엇보다도 중요했던 시기가 아니었던가. 이제 전 세계 선진국들에서는 대부분의 인간이 대졸자가 되는 세상이 도래할지도 모를 정도로 교육 기회와 수준이 확대되지 않았는가. 그럼 교육수준의 향상이 얼마든지 인구 감소 혹은 정체를 상쇄하여 인적 자본을 유지, 확충할 수 있어야 할 것이 아닌가. 따라서 이런 시각에서 보면 진짜 문제는 저출산이 아니라, 일자리 창출을 막는 저성장을 야기하는 정책과, 교육의 양적 확대를 못 따라가는 질적 수준의 하락에 있다고 봐야 옳은 것이다.[2]

물론 여기서 저성장의 원인은—다음 제2, 3장에서 체계적, 논리적으로 논술하게 되겠지만—성장과 발전의 동기를 차단하는 정부의 평등주의 정책 패러다임에 있고, 교육의 질 저하 또한 교육의 수월성(秀越性)을 포기한 평등주의적 교육정책 패러다임에 있다고 할 수 있다. 모든 사람이 경제사회적으로 평등한 사회를 추구한다면, 즉 노력과 성과에 크게 관계없이 소득, 즉 보상도 같아야 하고 교육 기회도 같

---

2 자녀의 수가 기펜재(Giffen's goods, 賤者財)이고 질은 사치재(luxury goods)라는 가정경제학 가설을 따른다면, 소득수준의 증가에 따른 자녀 수의 감소 효과는 자녀의 질, 즉 교육수준에 대한 수요 증가로 어느 정도 서로 상쇄되리라고 볼 수 있다. 따라서 성장률을 경정하는 인적 자본의 증가 여부는 교육의 양적 확대에 부응하여 그 질이 얼마나 증가했느냐 하는 문제로 귀착되게 될 것이다. 본문의 주장은 인구증가율이나 인구의 감소를 상쇄할 만큼 교육의 질이 향상되지 못한 것이 전체 인적 자원의 성장 기여를 낮춘 원인이라는 것이다.

도록 해 줘야 한다는 평등주의적 이념이 보편화되고 정책화되면, 노력과 성취, 성장의 유인은 자취를 감추게 된다. 경제, 사회 모든 부문에서 성장의 유인이 사라진 경제는 전 사회의 역동성 하락과 저성장을 피할 길이 없는 것이다. 수긍이 안 되면 아름다운 평등의 이상을 내걸었던 사회주의가 왜 망했는지 회고해 보면 이해가 될 것이다.

2. 기술혁신이 소득 양극화의 원인? – 동어반복 주장

다음으로 세계화, 신흥공업국의 추격, 기술혁신에 구조조정이 못 따라가기 때문에 소득 양극화가 생긴다는 주장을 살펴보면, 이 또한 전형적인 동어반복을 못 벗어난 주장이다.[3] 한 가지 흥미로운 것은 이 주장이야말로 바로 자본주의 경제의 최대의 장점이라는 '경쟁의 확대'와 '기술의 혁신'을 바로 양극화의 원인으로 보고 있다는 점이다. 그래서 결국 카를 마르크스의 자본주의모순론을 지지 강화시켜 주고 있는 것이다. 여기서 던져야 할 보다 근본적인 질문은 바로, 그럼 왜 선진국들은 구조조정의 유연성을 잃게 되었나 하는 것이다. 답은 명백히, 구조조정을 어렵게 하는 제도적, 정책적 장애 때문이 아닌가.

---

3 이하의 주장에 대한 보다 상세한 논의는 좌승희(2012a) 참조.

그럼 이런 구조조정 장애 요인이 발생하게 된 근본 배경원인은 무엇인가? 필자는 결국 사회적 약자인 근로자와 저소득계층을 보호해서 마르크스가 말하는 자본주의 불평등의 모순을 해결해야 한다는 평등주의적 경제, 사회정책 이념이 궁극적인 배경요인이라고 생각한다. 이러한 이념을 배경으로 노조라는 사회적 제도가 만들어지고, 노조의 정치·사회적 힘을 바탕으로 하여 고착된 생산성을 넘는 고임금 구조가 바로 신흥공업국과의 경쟁에서 밀리게 된 요인이 아니던가. 개방과 기술혁신에 따른 구조조정에 반대하는 기득권 세력의 중심에 노조가 있지 않은가.

이렇게 보면 마르크스의 이념을 실천하겠다는 사회민주주의 경제평등 이념이 바로 구조조정 지연의 배경이라고 할 수 있는 것이다. 노조는 자본주의 경제의 태생적 본질이라기보다는 사회주의 이념의 사생아라 해야 옳은 것이 아닌가.

왜 새로운 변화에 자조(自助)적으로 적극 대응하지 못하고 정치와 법의 힘을 빌리고 복지의 보호를 받고자 안주하는 국민들이 만들어지는 것인가? 바로 민주정치를 통해 경제평등을 실현하겠다는 사회민주주의 정치가 포퓰리즘 정책들을 양산하고 정치, 경제, 사회 곳곳에 구조조정을 막는 장애물들을 높게 쌓아 왔기 때문인 것이다. 불평등 심화 문제의 근본 원인은 그래서 자본주의의 본질적 모순이 아니라, 역설적으로 바로 정치적 평등을 넘어 경제적 평등을 지상과제로 추구해 온 평등민주주의인 사회민주주의에 있다고 볼 수 있지 않겠는가.

3. 무제한 통화 양적 완화를 통한 마이너스금리로 대처한다?

이미 지적한 대로 주류 경제학계는 지금의 저성장·양극화 문제에 대한 공급 측면에서의 구조적 원인은 물론 해법을 찾는 데 어려움을 겪고 있을 뿐만 아니라, 수요 측면에서 단기 대처 방안으로서 이미 한계에 도달한 재정지출의 확대와 '통화량 무제한 공급과 마이너스금리'라는 전대미문의 통화 양적 완화를 통한 확장적 통화재정 정책으로 이 국면을 헤쳐 나가려고 애를 쓰고 있으나, 그 효과에 대해서는 대단히 회의적이다. 지금의 문제는 자본주의 경제의 본질에 대한 보다 깊은 성찰을 필요로 하는 사안임에도 이 점에 대한 천착이 미흡하다고 생각한다.

후술하는 바와 같이 19세기 산업혁명을 통해 등장한 오늘날의 자본주의 경제는 농경사회의 시장경제에 비해 독특한 특징을 가지고 있다. 바로 농경사회의 대장간 기업에서 창발한 주식회사 기업제도이다. 공개되든 안 되든 여러 주주가 모여 자본을 (이론적으로는) 무한대로 확대하여 사실상 무한대의 위험부담을 지는 현대식 기업제도는 농경사회 마차경제를 오늘날 비행기, 우주선 경제로 창발시켰다. 이 기업제도를 뒷받침하기 위해 발전된 제도가 바로 현대식 주식시장과 은행 제도이다. 특히 은행으로 대표되는 신용 창출과 중개 제도는 저축의 주체로서 흑자 부문인 가계로부터 투자 주체로서 적자 부문인 기업으로 자금을 중개하는 장치로, 기업이 자기자본의 한계를 뛰어넘어 더 큰 위험을 부담할 수 있도록 함으로써 자본주의 경제의 창발을 이끌었다. 자본주의 경제의 작동에 문제가 생긴다는 것은 바로 이 시스템에 문제가 있음을 의미한다.

그동안 세계경제는 수요 중심 거시경제학의 영향으로 소비 주도 경제를 지향해 왔으며 이제 독특한 특징을 보이고 있다. 흑자 주체이어야 할 가계는 모두 적자에 직면하고, 적자 부문이어야 할 기업은 흑자 부문으로 전환되고 있다. 한국뿐만 아니라 거의 모든 선진국들이 정도의 차이는 있으나 유사한 상황에 봉착하고 있다. 자본주의 경제 창발 시스템의 근본이 흔들리고 있는 것이다. 기업의 적극적인 투자와 일자리 창출이 없으니 가계소득이 증가할 수 없고, 따라서 중산층이 붕괴 내지는 축소되면서 총수요가 정체되니 역으로 기업의 투자가 정체되는 악순환이 이어지고 있는 것이다. 결국 경제적 평등이라는 이념 하에 기업의 투자활동에 역행하는 정책과 소득이 못 따라가는 소비를 조장해 온 정책에 문제가 있는 것이다.

후술하는 바와 같이 평등한 경제는 성장과 발전의 안티테제다. 경제적 평등이 보장되는 순간 시장의 인센티브 장치는 멈추고 경제의 하향평준화는 불가피해지는 것이다. 바로 이것이 저성장·양극화와 나아가 디플레 압력의 근본 원인인 것이다. 지난 60여 년의 역사를 돌이켜보면 전 세계의 경제정책이 '기업 친화적이 아니라 개인 소비 친화적'이었음을 쉽게 읽을 수 있다. 기업이 자본주의 불평등의 원천이라는 사회주의 이념은 물론 민주주의 평등의 이념과 재분배 복지사회 이념이 결합되면서 반(反) 기업 정서와 기업에 대한 각종의 규제와 세금부담이 높게 유지된 반면, 개인복지는 소득 이상으로 유지되는 인위적 차별 시스템이 보편화된 것이다.

여기에 양적 완화를 지속하여 마이너스금리가 보다 보편화된다면 어떤 결과를 가져올 것인가? 우선 은행의 신용 창출과 자금중개 기능이 축소되면서 현금경제로 퇴행하게 되면 전체 경제의 총통화 규모가 급격히 감소하고, 현금 퇴장으로 통화의 유통 속도마저 크게 하락하면서 유동성이 오히려 감소하는 상황을 초래할 것이다. 따라서 오히려 기업 투자활동은 물론 소비까지 더 위축시킬 것이며 디플레 압력을 더 심화시킬 것이다. 그동안 이미 마이너스 실질금리 속에서 경험한 유동성 함정과 성장 정체 현상에서 유추한다면, 마이너스금리가 총수요를 진작하고 기업 투자를 일으키기에는 이미 역부족이다. 부채 늪에 빠진 가계가 일자리라는 소득원의 개선도 없는데 금리가 마이너스라고 소비 확대에 나설 리도 만무한 일이다. 또한 금융이자에 의존하는 노년층의 몰락은 뻔한 결과이다.

마이너스금리로 지출을 늘리고 실물투자를 늘리겠다는 생각은 총수요 중심의 짧은 생각이다. 지금의 문제는 실물투자와 총공급과 일자리의 정체 문제이기 때문이다. 해법은 아마도 전 세계가 경제 창발의 주체인 기업활동의 자유를 획기적으로 개선하기 위해, 예컨 대 모든 기업에 세금을 절반으로 줄이는 것과 같은 극단적인 조치가 필요할지도 모를 일이다. 그런데 이는 결코 인위적인 마이너스금리 정책보다 더 파괴적이지는 않을 것이다.

4. 재분배 강화로 자본주의를 개혁하자?

이런 가운데 세계 경제문제에 대한 해법으로 가장 인기 있는 화 두는 바로, 경제적 불평등을 초래하는 자본주의의 모순을 해소하기 위해 자본주의를 개혁해야 한다는 주장이다. 그동안 해 온 재분배정 책을 더 적극적으로 해서 경제적으로 좀더 평등한 사회를 건설해야 한다는 것이다. 국내외적으로 자본주의 개혁 주장이 난무하고 가장 인기 있는 화두가 되고 있는 것이다.

이들의 생각은 크게 마르크스의 자본주의모순론과 맞닿아 있다. 불평등은 자본주의의 모순이며, 이를 교정하는 것은 당연하고, 따 라서 재분배 수정자본주의는 불가피하다. 불평등의 원인이 그러하 니 정책적으로 할 수 있는 일이란 재분배정책을 더 강화하고 더 정 교하게 하면 된다는 것이다.[4]

본서는 이상의 주장들과 근본적으로 다른 자본주의 세계관을 기초로 한다. 자본주의 경제란 사회주의 경제처럼 누가 인위적으로 만든 것이 아니라 오랜 세월 인류의 삶의 일부로 체화된 '사람 사는 방식'에 불과하다. 바뀌라 해서 바뀌지도 않는 인간 본성의 산물이다. 인간이 불완전한 것처럼 자본주의 경제도 불완전하다. 그러나 후술하는 것처럼 자본주의야말로 인류가 발명한 최고의 동반성장 메커니즘이다. 여기서 자본주의 동반성장 메커니즘과 그 속성을 제대로 이해하여 이를 강화하는 방향으로 제도를 도입할 경우는 동반성장을 강화할 수 있지만, 역으로 자연스런 자본주의 동반성장이 만족스럽지 않다고 하여 여기에 무슨 이념이니 사상이니 도덕을 내세워 이에 역행하는 방향으로 제도를 도입할 경우 오히려 동반성장에 역행하는 결과를 초래할 수 있다. 그 단적인 예가 사회주의 체제였음은 주지하는 바이다. 오늘날의 저성장, 양극화 문제가 바로 그동안 좋은 의도(?)로 자본주의를 더 잘 만들어 보겠다고 들여놓은 정치, 경제, 사회 제도들에 그 원인이 있을 수 있다는 관점이다.

보다 구체적으로, 오늘날의 문제는 자본주의 동반성장의 주요 메커니즘이라는 낙수(落水) 또는 적하(滴下, trickle-down) 효과가 수명을 다

---

4 예컨대 피케티(Piketty 2014)의 80~90퍼센트 부유세 도입을 위한 세계공동전선 주장(0.5~1%의 고소득계층에 80~90%, 5~10%의 소득계층에 50~60%의 한계세율로 과세)이 큰 관심을 끌었다. 조지 스티글리츠(Stiglitz 2012)도 이 문제에 있어 적극적인 자본주의 개혁 주창자이다. 이와 관련해서 국내적으로는 조순(2015)이 자본주의 변천사에 대한 통찰을 기초로 1퍼센트 경제로 치닫는 자본주의 경제의 문제점과 변화와 개혁 필요성을 국내외적인 관점에서 제기하고 있다. 한편 정운찬(2015)에 실린 논문들은 구체적인 국내 동반성장 정책으로 적극적인 재분배, 균형발전과 소위 경제민주화 등을 해법으로 제시한다. 이들 문헌들은 크게 보아 문제의식은 본서와 동일하지만 문제를 보는 시각이나 해법에 대한 접근방법에서는 많이 다르다.

한 증거라고 진단하고 따라서 자본주의를 개혁해야 한다고 주장하기도 한다. 이런 주장들도 문제의 근본 원인을 찾는 데는 실패하고 있다. 그동안 낙수효과가 약화됐다면, 우선 왜 자본주의의 본질이 훼손되고 있느냐 하는 근본 질문에서 시작해서, 어떠한 제도적 창치들이 이 기능을 왜곡하는지 찾아 고치는 작업이 필요하지, 손쉽다고 대증적인 재분배·균형발전 정책에 의존하는 것은 오히려 사태를 더 악화시킬 수 있다고 본다.[5]

이런 관점에서 여기서 던져야 할 올바른 질문은, 오늘날의 경제 문제들이 자본주의 경제의 본질적 문제인가 아니면 그동안 자본주의 시장경제를 교정해야 한다고 각종의 이념적, 규범적 경제제도를 양산해 온 수정자본주의나 사회민주주의 등과 같은 경제평등주의 정치경제체제인가 하는 질문이어야 한다고 생각한다. 지난 60여 년의 경제평등주의 실험 결과가 인류에 던지는 화두는 **인위적으로 경제평등을 추구한 경제는 오히려 불평등의 심화에 직면하게 된다는 역설**이라고 생각한다. 이들 질문과 역설에 답을 하기 위해서는 마르크스의 모순론을 뛰어넘는, 자본주의 경제의 속성에 대한 새로운 이해가 필요하다고 생각한다.

---

5 이런 관점에서 낙수효과의 실종 원인과 회복 방안을 제시한 글로는 좌승희(2012, 2015) 참조.

5. 한국의 저성장·양극화 원인: 경제평등주의의 함정

한국이라고 다르지 않다고 생각한다. 한국은 개발연대 이후 지난 30년 동안 균형발전의 이념 하에 각종의 규제와 육성 정책을 시행하였다. 기업생태계의 균형을 추구한다고 대기업에 대해서는 획일적 성장규제 정책을 도입하고 역으로 중소기업에 대해서는 획일적 지원정책을 시행했다. 약자인 노조를 우대한다고 노조를 무소불위의 전투적 조직으로 키웠다. 나아가 수도권 성장규제와 공공기관 지방분산과 행정수도 이전 등 수도권을 규제하고 지방을 획일적으로 우대하는 지역균형 발전정책을 추진하였다. 또한 수월성을 경시하는 과학기술·연구개발 정책과 대학정책, 교육평준화 정책 등을 추진해 왔다.

이러한 균형발전 이념 하의 평등주의적 경제·사회정책 체제는 이들 모든 분야의 성장과 발전, 창조의 유인을 차단할 수밖에 없다. 대기업들의 국내투자 기피나 해외 탈출, 중소기업과 지방, 과학계, 학계, 연구계, 학생들의 하향평준화는 불가피한 결과이다. 이에 따라 한국의 저성장, 일자리 부족, 저출산 고령화, 가계부채 증가, 중산층의 축소와 분배의 악화는 필연적 결과가 아니겠는가.

지난 30년 민주주의라는 이름 하에 포퓰리즘으로 치달은 오늘날 한국의 민주정치가 바로 이 모든 평등주의적 정책함정의 원인이며

해 결국 세포덩어리가 인간이라는 최고의 고등동물로 창발하는 생명현상이나, 아마존 강 유역의 나비의 날갯짓이 텍사스에 토네이도를 일으키는 복잡계 창발 현상이, 바로 농경사회에서 복잡다기한 고부가가치 산업사회와 지식기반 창조사회로 발전하는 경제발전 현상의 전형적 현상에 다름 아니다.

경제발전은 신고전파 성장론처럼 마차를 만드는 경제가 10대의 마차에서 100대의 마차를 생산하는 선형적 변화가 아니라, 기차, 자동차, 비행기, 우주선을 만드는 고차원으로의 비선형적 질적 변화와 복잡성의 증가를 수반하는 창발을 의미한다. 주류 경제학이 추구하는 '균형'을 파괴하는 수확체증 현상이 바로 경제발전의 보편적 현상이다. 따라서 균형이론에 바탕을 둔 주류 경제학은 비선형적 창발 현상을 설명하기 어렵다. 그래서 주류 경제학은 발전이 멈춘 채 1만 5천 년 가까이 '맬서스 함정'이라는 궁핍의 균형 속에 갇혔던 농경사회 경제학이다. 오늘날의 창조적 자본주의 경제발전을 설명하기엔 역부족이다.

그럼 경제발전을 이끄는 창발의 힘은 어디서 오는가? 필자는 경제 창발의 전제는 '나쁜 성과보다 좋은 성과를 더 보상하는 신상필벌(信賞必罰)의 경제적 차별화 원리'라고 주장한다. 여기서 차별화란 '다른 것을 다르게, 같은 것을 같게' 취급한다는 의미이며, 우리가 항상 거부해야 할 정치적, 사회적 차별과는 다르다. 서로 다름을 바탕으로 성과에 따라 보상을 차별화함으로써 모두를 동기부여하여 새로운 질서 창출에 나서게 할 수 있다는 의미이다. 신상필벌의 공정한 경제적 차별이 복잡계 창발 노력의 원천적 동기가 된다는 주장이다.

이 원리는 전혀 새로운 주장이 아니다. 동양에서는 2천 년도 더 전에 중국의 법가(法家)들이 '신상필벌'을 국가운영 철학으로 주창하여 진(秦)에 의한 중국 통일의 기틀이 되었다(최윤재 2000). 최근 공자의 『논어(論語)』의 '화이부동, 동이불화(和而不同, 同而不和)'[3]와 좌구명(左丘明)의 『국어(國語)』의 "화실생물, 동즉불계(和實生物, 同則不繼)"[4]라는 '서로 다름 속의 조화만이 만물을 생성할 수 있다'는 사상을 중국철학의 진수라고 강조하는 중국 현대철학자 탕이제(湯一介)의 주장은 너무나 자본주의 복잡경제 친화적이다(중앙일보 2008). 서양도 이미 오랫동안 성경[5]에 뿌리를 둔 '하늘은 스스로 돕는 자를 돕는다'는 도덕과 윤리관을 설파해 왔고(Smiles 1859), 신상필벌을 '정의의 율법(dispensation of justice)'이라 해석하고 있음에 특히 주목할 필요가 있다. 신상필벌이 바로 정의의 실천임을 의미하고 있는 것이다.

최근에는 경제학에서도 행동경제학자들(Tversky and Kahneman

---

3 "군자화이부동, 소인동이불화(君子和而不同, 小人 同而不和)"(『논어』 『자로子路』). 군자는 다름을 인정하고 다른 것들끼리의 조화를 도모하는데, 소인은 다름을 인정하지 못하고 무엇이나 같게 만들려 하지만 조화를 이루지 못한다.

4 『국어』 『정어(鄭語)』. 다른 것들끼리 만나서 조화를 이루고 협조하면 만사 만물이 번창하지만, 차이를 말살하고 동일하게 해 버리면 지속되지 못한다. 즉, 서로 다름 속의 조화는 새로운 질서를 창출하지만 차이를 없애는 일은 모든 변화를 멈추게 한다.

5 『마태복음』 25장 '달란트의 비유' 참조.

1981; Gneezy and List 2013; 유리 그니즈 외 2014)이 인센티브의 차별화가 사람들로 하여금 산(山)도 움직이게 할 수 있는 힘이라고 주장하고 있으며, 신상필벌의 필벌(必罰)이 신상(信賞)보다도 더 강력한 인센티브로 작용한다는 사실을 밝혀내고 있다. 좋은 성과에 상을 내리는 것도 중요하지만, 나쁜 성과에 대해서 벌을 내리는 것이 더 강력한 동기부여 작용을 한다는 의미이다. 경영학에서도 이미 성과에 따른 보상의 차별화가 기업 성공 전략으로 자리 잡고 있으며, 우수한 성과에 대해 보상하는 것도 중요하지만 나쁜 성과를 퇴출시키는 전략이 성과에 대한 보다 강력한 동기부여가 된다는 것이 입증되고 있다(Welch 2005). 신상필벌의 차별화는 인류가 오랜 세월 생존경쟁의 진화압력 속에서 터득한 생존을 위한 삶의 이치이며 진리인 것이다.

2. 경제발전의 원리: 시장·정부·기업의 삼위일체 경제발전론

필자는 그동안 기존 경제학 이론으로는 한국의 '한강의 기적'뿐만 아니라 일반적인 경제발전 현상을 논리적으로 설명하기가 어렵다고 주장해 왔다.

시장중심적 주류 경제학은 자유시장의 역할을 신격화하고 있지만, 사실 시장은 항상 불완전하며 시장의 힘만으로 경제도약에 성공한 예는 없다. 신고전파 성장이론과 워싱턴 컨센서스 등이 그 대표적 예이다.

정부 주도를 강조하는 정부 중심 사고 또한 왜 그 많은 경제들이 정부의 개발 노력에도 불구하고 성공하지 못하는지, 그리고 소수의 성공사례들이 정부 주도로 성공했다고 하지만 정부의 어떠한 역할이 경제발전 친화적인지 설명하지 못하고 있다. 정부의 산업정책 주창자들이 그 예이다.

한편 사회주의의 몰락에도 불구하고 사회민주주의가 보편화되면서 경제평등주의 정책이 새로운 정책 패러다임으로 등장하고 있으나, 이를 채택한 많은 나라들이 경제정체(stagnation)를 경험하고 있으며, 체제의 지속가능성이 심각하게 도전받고 있다. 그러나 이를 주창하는 좌파적 경제학은 그 원인도 잘 모르고 대책도 못 내놓고 있다. 수정자본주의 혹은 사회민주주의 정치경제체제 주창자들이 그 예이다.

여기서 보다 심각한 문제는, 이 모든 기존 이론이나 정책론들은 자본주의 경제의 발명품인 '주식회사' 제도가 경제발전에서 담당하는 역할을 충분히 반영하지 못하고 있다는 점이다. 자본주의 경제의 산업혁명과 그동안의 지속성장이 주식회사 제도의 등장과 활성화와 궤를 같이하고 있는데도 경제학은 아직도 기업이 없던 농경사회 경제학을 못 벗어나고 있는 실정이다. 이러한 이유들로 인해 주류 경제학 이론이나 정책론들은 아직도 한국 개발연대의 경제적 도약이나 일본 메이지유신 이후의 산업화, 중국의 지난 30년 동안의 성장을 일관성 있게 설명하지 못하고 있을 뿐만 아니라, 이들 동북아의 도약 경험을 일종의 예외적인 현상 또는 특이한 현상으로 취급하고 있다.

이에 필자는 근세의 경제기적의 경험인 일본의 메이지유신, 한국의 한강의 기적, 중국 덩샤오핑(등소평)의 개혁개방 경험과 서구 산업혁명의 성공 경험을 통합하여, 경제발전에 있어서 시장·정부·기업 3자의 필수적 보완 기능을 강조한 **시장·정부·기업의 삼위일체 경제발전론**을 전개하였다. 이 이론은 기존 이론들이 시장만을 강조하거나 정부만을 강조하거나 혹은 기업만을 강조하는 등 특수이론에 치우친 단점을 보완하여, 이들 3자가 선택적이 아니라 모두가 필수불가결의 경제발전 기능을 수행해야 발전이 가능할 수 있다는 경제발전의 '일반이론(a general theory)'을 제시한다. 이하에서는 아주 간략하게 이 새로운 경제발전 이론을 설명하고자 한다. [6]

시장의 경제적 차별화 기능

'삼위일체 경제발전론' 또는 '일반이론'은 시장(market)을 '성과에 따른 보상의 차별화를 통해 발전의 동기와 유인을 이끌어 내는 경

---

6 '삼위일체 경제발전론'의 보다 상세한 내용에 대해서는 좌승희(2006, 2008, 2012)와 Jwa (2017)를 참고.

제적 차별화 장치'라고 해석한다. 이러한 시장의 차별화 기능이 고차원으로의 경제 창발을 이끄는 힘을 이끌어 내는 원동력이라고 보고 있다.

어떠한 사회든 그 부(wealth)의 창출 노력을 집약하고 극대화하려면 그 전제조건은 바로 사회구성원 모두에게 적절한 보상체계(incentive system)를 제도화함으로써 일하고자 하는, 즉 성장·발전하고자 하는 동기와 유인을 극대화할 수 있어야 한다. 이런 관점에서 보면 시장이야말로 모든 구성원들을 더 높은 차원으로 창발하도록 유도하는 장치이다. '일반이론'은 이러한 시장의 기능을 '신상필벌의 경제적 차별화' 기능이라 부르고 있으며, 바로 이러한 시장의 기능이 경제발전의 원동력이라고 주장하고 있다. 사실은 그동안 시장의 기능이라고 잘 알려진 애덤 스미스의 '보이지 않는 손 기능'도, 하이에크의 '자생적 질서의 발견 기능'도, 경제학 교과서의 '자원배분 기능'도 논리적으로 보면 모두 '차별화 기능'을 거치지 않고는 실현될 수 없는 것이다. 시장의 차별화 기능은 주류 경제학이 그리는 단순한 자원배분 기능을 넘는 경제발전 기능이라 할 수 있다.

시장의 차별화 기능을 현실과 연결해서 보면 한층 흥미롭다. 시장에서 우리는 소비자로서 우리 구미에 맞는 재화와 서비스를 공급하는 기업과 개인들에게만 더 많은 구매력(돈)으로 투표(구입)한다. 은행 등의 금융기관도 잘하는 기업과 개인들에게만 더 많은 돈을, 그것도 더 싸게 빌려주며, 증시의 투자자들도 잘하는 기업의 주식만을 골라서 사며, 훌륭한 인재들은 좋은 기업에만 몰리고, 기업들도 좋은 인재만 골라 쓰고 좋은 기업들끼리만 거래하려 한다. 그래서 시장에 참여하는 우리 모두는 소위 '스스로 돕는 자만을 돕는' 하느님처럼, 열심히 좋은 성과를 내는 경제주체들만 선택함으로써 우수한 경제주체들에게 경제력을 집중시킴과 동시에, 이들 모두를 우리의 선택을 받기 위해 더 열심히 노력하게 유도하는 일을 하고 있는 것이다.

이런 관점에서 보면 시장은 매일매일 하나의 산업정책, 즉 우수한 경제주체를 선택해서 더 지원해 주는 기업 및 산업을 육성하는 정책을 실행하고 있는 것과 같다. 성과 있는 기업은 더 지원해 주고 성과 없는 기업은 퇴출시킴으로써 기업을 육성하고, 이를 통해 산업발전, 경제발전을 주도하는 것이다.

결과적으로 시장은 산업정책 수단이라 할 수 있다. 그동안 산업정책 논쟁은 산업 육성을 위한 정부의 개입, 혹은 역할의 필요 유무에만 집중되었으나, 새로운 시각에서 보면 산업정책은 전혀 새로운 혹은 특별한 개념도 아니고 우리 일상에서 우리가 늘 행하는 일인 것이다. 그동안의 산업정책 논쟁은 정부가 어떻게 미래 승자를 미리 알고 사전에 선택, 지원할 것이냐에 집중되었으나, 이는 논쟁의 초점이 잘못된 것이다. 경제적 차별화라는 시장의 본질적 산업 육성, 발전 기능에서 찾을 수 있는 교훈이 있다면 정부의 산업정책도, 알수도 없는 미래 승자를 찾겠다고 나설 것이 아니라 시장처럼 현재 시장에서 드러난 성과에 기초하여 우수한 기업을 차별적으로 지원해야 한다는 원칙이라 할 수 있다. 미래는 누구도 알 수 없으며 현재의 성과만이 가장 신뢰할 수 있는 선택 기준이기 때문이다.

한편 시장의 차별화 기능의 관점에서 보면 시장에 참여하는 우리 모두는 바로 경제적 차별과 불평등의 원천임과 동시에, 이를 통해 모두를 일으켜 세우는 동기부여자인 셈이다. 따라서 경제발전 과정에서는 흥하는 이웃에게는 인기가 모이고 경제적 부가 모이기 마련이며, 결과적으로 경제발전은 불균형적 현상일 수밖에 없고, 강한 기업에의 경제력 집중과 개인과 지역 발전의 차등은 발전의 자연스러운 현상이다. 따라서 열심히 노력하여 성과를 내는 기업과 개인에게 경제력과 자원의 집중과 집적이 없이 발전은 있을 수 없다.

결론적으로 현실의 시장은 경제적 노력과 성과에 따라 보상을 차등화함으로써, 즉 흥하고자 노력하여 성과를 내는 이웃에게 더 많은 보상을 함으로써 결과적으로 생기는 경제적 불평등을 무기로 모두를 흥하는 이웃이 되고자 열심히 노력하게 만드는 동기부여 장치인 것이다.

기업부국(企業富國) 패러다임: 현대적 기업은 자본주의 경제의 창조자

그러나 역사적으로 보면 시장은 항상 불완전했고, 경제발전을 일으키는 힘은 그리 만족스럽지 않았다. 농경사회에서 자본주의 사회에 이르기까지 인류는 시장 교환경제 체제 하에서 살았으나, 지속적인 소득의 성장을 가져온 경제발전 현상은 오직 지난 200여 년의 역사에 불과하였다. 또한 자본주의 경제 하에서도 20세기 이후 200여 개가 넘는 시장경제 제도 하의 국가들이 있으나 오늘날 오직 그 4분의 1 정도의 경제만이 1인당 소득 1만 달러 이상의 부를 누리고 있을 뿐이다. 더구나 제2차 세계대전 이후 선·후진국 모두 시장경제 체제를 강화해 왔지만 결과는 저성장과 양극화라는 경제정체 현상에 직면하고 있다. 도대체 경제발전을 일으킨다는 시장의 힘은 어디로 간 것인가?

역사적으로 보면 이런 '시장의 실패' 현상은 농경사회에서는 아주 보편적인 현상이었다. 그런데 19세기부터 시장의 차별화 기능의 실패를 보완하는 현대식 주식회사 기업조직이 본격적으로 등장하면서 자본주의 산업혁명이 가능했고 고도 산업사회, 지식 기반 사회의 등장도 가능하였다. 또한 19세기 이후 자본주의 경제의 발전 경험을 살펴보면, 바로 새로운 주식회사 제도를 잘 발전시킨 나라는 국부 창출에 성공하고 더 나아가 세계경제 패권 싸움에서도 성공하였다. 영국의 산업혁명, 미국의 영국 추월, 일본의 탈아입구(脫亞入歐) 선진화, 한국의 한강의 기적, 동아시아와 중국의 도약이 모두 현대식 기업의 성장을 앞세워 발전한 역사이다. 이런 역사적 경험에 비춰서 보면 자본주의 경제발전은 시장보다는 '기업부국(企業富國)' 패러다임이라 하는 것이 더 합리적일 것이다.

더구나 이론적으로도 기업은 시장보다도 더 효율적인 경제발전 장치이다. 시장거래는 거래 당사자 간의 거래조건에 대한 합의 하에 이루어지기 때문에 거래 대상 재화나 서비스에 대한 양적, 질적 조건과 가격에 대한 합의를 이루기 위한 협상이 수반되어야 한다. 또한 이런 협상 과정은 정보의 불완전성으로 인해 금전적, 시간적, 정신적 형태의 다양한 양(플러스)의 거래비용을 초래하기 때문에 거래가 불가능해지거나 잘못되는 경우가 발생할 수 있다. 이 경우 시장의 경제적 차별화 기능은 완벽할 수 없고 소위 차별화 기능 실패에 직면하게 된다.

그러나 기업은 '수직적 명령체계'를 본질로 하는 조직이기 때문에 시장 교환 방식이 아니라 CEO의 명령에 의한 자원 배분 방식에 의존함으로써 거래협상과 그에 수반하는 거래비용도 피할 수 있고, 또한 CEO는 조직 내의 팀 생산방식을 통해 구성원들의 성과를 지근거리에서 감시, 감독할 수 있기 때문에 조직원들에 대한 경제적 차별화를 시장보다 더 효율적으로 할 수 있는 장점이 있다. 이런 점에서 기업은 시장보다 진일보한 자원배분 장치이다.

오늘날 성공적인 기업경영의 요체가 바로 기업 내부자원에 대해 얼마나 철저하게 경제적 차별화를 잘하느냐(즉, 얼마나 내부자원을 효율적으로 활용하느냐)에 달려 있다는 경영학 원리는 이미 상식이 되었다. 물론 기업은 그 나름대로 시장과 달리 조직 운영에 따르는 추가적인 비용이 수반되기 때문에 조직비용이 없는 시장보다 항상 효율적이지만

은 않다. 따라서 한계분석이 시사하는 바와 같이 시장과 현대식 주식회사 기업이 공존하는 자본주의 경제가 보편화된 것이다.

결국 기업은 시장의 차별화 기능의 취약성을 극복하여 시장이 창출하지 못하는 새로운 부가가치, 즉 부를 창출하기 위해 인간이 발명한 새로운 사회적 기술로서 시장거래가 가능하지 않은 영역에까지 새롭게 시장 네트워크를 확대 발전시킴으로써 경제발전을 가속화시킬 수 있다.

19세기 자본주의 경제의 산물인 현대식 주식회사 기업제도는 자본의 규모와 위험부담 능력 면에서, 마차를 생산하던 농경사회의 대장간 기업에서 기차, 자동차, 비행기, 우주선을 만드는 복잡계 조직으로 창발하여 자본주의 경제를 고차원의 창조 시스템으로 전환시켰다. 현대적 기업은 주류 기업이론(Coase 1937)의 주장처럼 시장을 대체하는 것이 아니라 시장이 감당하지 못하는 위험부담을 통해 시장의 영역을 보다 확대함으로써, 자본주의 경제발전을 이끄는 기관차 역할을 한다.

필자는 자본주의 경제는 소위 '보이지 않은 손'이 이끄는 시장경제라기보다, 현대식 주식회사 기업이라는 '보이는 손'이 이끄는 기업경제라고 주장한다. 농경사회 시장경제에서 자본주의 기업경제로의 진화는 보통 생각하듯 시장경제 때문이 아니라 농경사회 대장간 기업에서 창발한 주식회사라는 현대식 기업에 의해 주도되었다. 인류는 자가소비보다 더 많은 잉여를 생산하면서 적어도 1만 5천 년 이상을 시장이라는 교환경제 속에서 살아왔음을 잊지 말아야 한다. 오늘날 자본주의 체제 속의 우리 모두는 농토를 떠나 주식회사 기업에 생계를 의탁하고 살아가고 있으며, 선진국이라는 나라는 모두 국민총생산 중 농업의 비중이 대체로 한자릿수 미만인 나라를 의미하게 되었다. 아무리 선진경제라 해도 기업을 제거하면 모두 농경사회로 돌아갈 수밖에 없다. 그래서 자본주의식 기업을 국유화했던 사회주의 체제는 결국 '현대식 기업은 없고 대장간 기업밖에 없는 농경사회'로 역주행하면서 몰락하였다.

그러나 현대식 기업조직으로도 발전은 항상 일어나지 않는다. 그래서 시장이 있고 기업이 있어도 모든 경제가 다 고도 산업사회, 지식 기반 경제로 창발하지 못한다. 왜 그럴까?

자본주의 경제에 내재한 실패 가능성: 무임승차에 따른 발전의 동력 상실

'일반이론'은 자본주의 경제발전의 속성에 대한 새로운 관점을 제시한다. 마르크스는 앞선 자의 착취 때문에 경제적 불평등이 생기며 이를 자본주의 경제의 모순이라 하고, 흥하는 이웃이 있으면 내가 망한다고 설파하였다. 그러나 일반이론은 자본주의 경제발전의 속성은 '흥하는 이웃의 성공 노하우를 따라 배우는 과정'이라고 본다.[7]

그러나 이 과정은 많은 경우 선발자에 무임승차하는 과정이다. 이는 바로 흥하는 이웃이 그렇지 않은 이웃을 착취하는 것이 아니라, 반대로 흥하는 이웃이 착취당해서 발전의 노하우가 퍼져야 발전이 가능함을 시사하는 것이다. 흥하는 이웃이 있어야 내가 발전할 수 있다는 의미이다. 세상은 모두가 남의 스승이 되면서 서로 시너지를 창출하여 동반성장함을 시사하는 것이다.

그래서 경제발전은 흥하는 이웃이 더 많이 생기는 과정이다. 흥하는 이웃이 있어 내가 망한다며 흥하는 이웃을 청산한 사회주의 경제체제가 몰락하게 된 것은 너무나 당연한 결과였다. 특히 자본주의 경제의 기업은 계급투쟁을 통한 노동자 착취의 수단이 아니라 구성원 서로간의 비선형적 상호작용을 통해 시너지를 창출함으로써 마차경제를 우주선경제로 창발시키는 독특한 창조 장치이다. 새로운 이론은 마르크스가 세상을 거꾸로 봤음을 시사한다.

이와 같이 경제발전도, 기업이나 개인의 성장도, 성공하는 선발자의 성공 노하우를 무임승차하여 따라 배우는 과정이다. 그러나 여기서 무임승차가 방치되면 버스회사가 망하듯이, 역사는 문명도 경제도 기업도 개인도 1등이 영원하지 않음을 웅변하고 있다.

이런 무임승차가 방치되는 것은 앞에서 지적한 시장거래에 수반되는 거래비용 때문이다. 성공 노하우(시너지 혹은 발전의 문화 DNA)라는 재화는 그 성질이 너무 모호하여 재화로서 규정하기도 힘들고 따라

---

7 이 관점은 신고전파 성장이론의 한 갈래인 내생적 성장모형의 시사점이기도 하다.

서 거래조건을 규정하기가 너무 힘들기 때문에 거래비용이 너무 높아 공개된 시장에서 교환되기 어렵다. 그래서 대부분의 성공 노하우는 공기 같은 자유재로 남아 너도 나도 쉽게 베껴 이용하지만 노하우의 창출자에게는 항상 보상이 미흡하게 되기 때문에 혁신가, 훌륭한 기업가 등 성공 노하우의 창출자들이 대량으로 등장하기는 어렵게 된다. 그래서 현실 시장은 신상필벌의 경제적 차별화 실패로 우수한 혁신가나 경제인과 기업을 키워 내는 데 실패하게 된다. 이것이 바로 시장의 경제발전 실패 현상인 것이다.

그래서 시장만의 힘으로 경제발전은 어렵게 된다. 기업은 시장의 개인 경제주체들에 대한 취약한 차별화 기능을 조직화라는 명령체계로 해결하려 하지만, 이젠 자신마저 무임승차에 노출되면서 기업의 힘만으로 경제발전을 일으키기 어려워진다. 기업의 성공 노하우가 무임승차되면서 훌륭한 기업 또한 쉽게 등장하지 못하게 되기 때문이다. 결국 민간 시장과 기업만으로는 경제발전이 실패한다는 의미이다.

정부는 경제적 차별화로 시장경쟁과 기업의 성장동기를 살려 내야

이제 마지막 보루가 정부라는 조직이다. 정부는 시장 중심의 경제이론이 주장하는 것처럼 항상 악(惡)이 아니다. 성공한 경제에는

반드시 선(善)의 정부가 있었음을 잊지 말아야 한다. 발전 친화적 선의 정부란 바로 신상필벌의 원리에 따라 시장과 기업의 본래의 기능인 '좋은 성과를 보상하는 차별화 기능'을 보강할 수 있는 정부이다.

시장과 기업은 애를 써서 신상필벌의 차별화 원리를 실천하려 하는데—물론 완벽하게 성공하지는 못하지만—정부는 나서서 반대로 성과를 경시하는 반(反) 차별화, 평등주의적 개입을 하면 어떤 일이 벌어질까? 시장과 기업은 모두 작동을 멈추고 경제는 저성장의 벽에 부딪치게 된다. 정부는 신상필벌의 경제적 차별화 전략과 정책으로 과거의 전통과 문화 속에, 때로는 반 자본주의적 이념과 제도 속에 갇혀 잠자는 민간시장을 깨워 일으켜 개인과 기업의 성장동기를 살려 냄으로써 창발의 힘을 증폭(amplify)시킬 수 있다. 물론 어떠한 경우에도 정부는 법 앞의 평등을 철저히 보장해야 한다.

삼위일체 경제발전론의 주요 시사점

이상의 자본주의 경제번영의 원리를 '삼위일체 경제발전론'으로 정리할 수 있다.

경제발전은 시장만으로도 안 되고, 정부만으로도 안 되며, 더구나 현대식 주식회사 기업조직이 없어서도 안 된다. 시장, 기업, 정부가 삼위일체가 되어 '신상필벌의 경제적 차별화 원리'를 실천할 때라야 가능해진다. 경제적 차별화는 경제발전의 필요조건이다. 물론 이것이 발전의 충분조건이기는 어렵다. 역으로 이 3자 중 어느 하나라도 경제적 차별화의 대열에서 이탈할 경우 경제발전 과정의 자체적 내부모순 때문에 경제발전은 도로(徒勞)에 그치게 된다. 따라서 경제적 차별화의 역명제인 경제평등주의는 경제정체의 충분조건이다.

여기서 '경제적 차별화'는 경제적으로 다른 것을 다르게 취급하는 것을, '경제평등주의'는 경제적으로 다른 것을 같게 취급하는 것을 의미한다. 경제적 차별화를 인종, 성별, 학벌, 지역, 연령, 정치이념 등에 따른 정치적, 사회적 차별 현상과 혼동하지 않기를 바란다. 이런 모든 차이에 관계없이 단지 행위주체의 경제적 성과에 따른 차등대접을 의미할 뿐임을 잊지 않기 바란다.

그동안의 '시장 대 정부'의 흑백 논쟁이나 경제발전에서 기업의 역할에 대한 무시도 잘못된 것이다. 정부나 정치의 기능을 마치 시장이나 기업의 차별화 기능을 교정하여 보다 평등한 경제적 결과를 만들어 내야 하는 것이라고 철석같이 믿는 균형발전 이념이나, 사회민주주의 체제나 수정자본주의 체제도 발전 역행적임을 쉽게 이해할 수 있다.

이 원리는 그림 1과 같이 정리할 수 있다. 경제발전은 시장, 정부, 기업이 모두 경제적 차별화 기능을 수행할 경우에만 그 교집합으로서 가능해지는, 대단히 흔치 않은 어려운 과정이다.

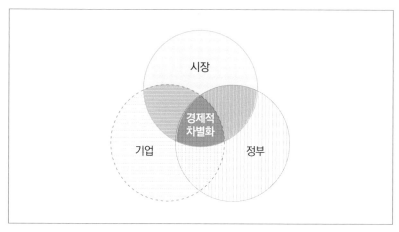

그림 1 삼위일체 차별화 경제발전론 개념도

Jwa(2017)

이제 삼위일체 경제발전의 원리와 시사점을 정리하고자 한다.

첫째로, 경제번영의 원리로서,

① '경제적 차별화'는 경제발전의 필요조건인 반면 '경제평등주의'는 경제정체의 충분조건이다."[8]

둘째로, 시장의 차별화 기능에서 나오는 명제로서,

② 우수한 경제주체에 경제적 자원이 집중되는 현상은 경제발전의 자연스러운 현상이다. 성공 기업에의 경제력 집중, 비교우위 지

---

8 이하, 원리들은 Jwa and Yoon (2004)에서 최초로 제시하였다.

역에의 경제활동의 지역 집중 또한 그러하다. 그래서 균형발전은 경제발전의 안티테제이다.

③ 경제적 불평등은 경제발전의 동기부여를 위한 필요조건이다. 평등한 경제는 자동차경제를 마차경제로 역주행시키는 발전의 안티테제이다. 평등한, 균형된 발전은 형용모순이다.

셋째로, 기업부국의 자본주의 경제발전 패러다임에서 본 명제로서,

④ 기업은 노동자를 착취하는 조직이 아니라 근로자의 '농토'로서 삶의 터전이며 자본주의 경제의 창발을 이끄는 기관차이다.

⑤ 기업의 성장은, 평등하지만 모두 가난한 농경사회를 바꿔 불평등하지만 모두 성장하게 만드는 동반성장의 원천이다.

⑥ 기업의 성장이 국민경제의 성장 과정이다. 따라서 기업부문의 성장이 지체되면 경제의 저성장이 초래되고 일자리 창출이 원활치 못하여 중산층이 무너지면서 경제양극화가 초래된다.

넷째로, 정부의 기능과 관련된 시사점으로서,

⑦ 정부가 시장의 차별화 결과에 역행하는 평등주의 개입을 하면 시장은 작동을 멈추고 발전은 정체된다. 정부가 인위적으로 평등한 경제를 구현하려 하면 반(反) 신상필벌의 역차별에 직면한 모든 국민은 사보타주(sabotage)에 나서고, 경제는 하향평준화된다. 반 신상필벌의 평등주의 경제정책은 기업과 시장의 차별화 기능을 무력화시켜

기업과 경제의 성장을 정체시키고, 기업 성장의 정체는 일자리 창출을 억제함으로써 중산층의 축소를 초래하거나, 혹은 성장을 억제하여 양극화를 조장함으로써 점차 모두 평등하지만 모두 가난한 **1퍼센트 경제**를 초래하게 될 것이다. 최근 인기 있는 말인 '1퍼센트 경제'란 말은 중산층이 소멸되면서 농경사회와 같이 경제가 하향평준화되는 과정에서 나타나는, 상위 1퍼센트만으로 부가 집중되는 과도기적 현상이다. 바로 이것이 오늘날 전 세계적으로 관찰되는 평등을 추구하는 경제가 오히려 불평등에 직면하는 역설의 원인이다.

다섯째로, 정치와 경제발전의 문제와 관련된 시사점으로서,

⑧ 어떠한 정치경제체제든 그 체제가 발전 친화적이기 위해서는 '신상필벌의 경제적 차별화 원리'를 적극 수용하고 실천할 수 있어야 한다. 현실적으로, 정치체제가 민주냐 비민주냐에 관계없이 그 체제가 경제적으로 신상필벌의 차별화 원리를 적극 수용할 수 있다면 경제적 번영의 길은 열려 있지만, 아무리 정치적으로 최고의 민주주의를 실현하고 있다 하더라도 경제정책 체제로서 평등주의 함정에 빠져 있다면 그 경제는 궁극적으로 저성장과 양극화 현상을 노정할 수밖에 없게 된다. 역으로 아무리 정치적으로 비민주적이라 해도 경제적 차별화 원리를 적극 수용하는 한 성장의 유인과 경쟁을 촉진시킴으로써 경제발전을 일으킬 소지가 있다.

⑨ 이상의 정치의 경제발전 역할을 다음과 같은 명제로 요약 정

리할 수 있다. '정치의 경제화'는 경제발전의 필요조건인 반면 '경제의 정치화'는 경제정체의 충분조건이다. 여기서 '정치의 경제화'는 경제 평등이라는 정치적 고려를 배제한 경제적 차별화 원리의 실천을, '경제의 정치화'는 경제평등이라는 정치적 고려 하에 경제적 차별화 원리를 포기하는 것을 의미한다.

여섯째로, 자본주의 동반성장과 관련된 시사점으로서,

⑩ 자본주의 경제는 모두 같아지지는 않지만 모두 발전하는 동반성장의 메커니즘이다. 선발자가 후발자를 착취하는 세상은 결코 창발할 수 없다. 오히려 후발자가 선발자의 성공 노하우를 무임승차하여 시너지를 통해 창발하는 것이 자본주의 복잡경제 발전의 핵심 속성이다. 물론 이런 무임승차 현상 때문에 시장만의 힘으로 발전은 실패하고 기업과 정부의 경제적 차별화 기능이 시장을 보완하여야만 발전이 가능하다는 점은 이미 앞에서 논증한 바와 같다. 따라서 시장, 기업 그리고 정부가 경제적 차별화 원리의 실천을 통해 이 속성을 더 살려 내는 경제는 동반성장을 이룰 수 있지만, 선발자를 착취자로 낙인찍어 청산하는 경제는 결코 창발도 동반성장도 이룰 수 없다.

자본주의 경제발전은 불균형적 발전이지만 동반성장이 그 기본이다. 이런 시각에서 보면 자본주의 경제가 동반성장하지 못하고 있다면 이는 자본주의의 속성 때문이라기보다는 이를 무시한 평등주의 정책이나 제도가 성공 노하우의 원천이나 그 흐름을 봉쇄, 차단하고 있기 때문일 가능성이 더 높다. 소위 자본주의 경제의 본질적 특성인 낙수효과가 사라졌다고 불평할 것이 아니라, 왜 사라졌는지 천착할 줄 알아야 올바르게 세상을 읽고 답을 구할 수 있을 것이다. 이런 노력도 없이 편의주의적으로 이미 그 유용성이 없음이 판가름난 사회주의 평등이념에 억매여 흥하는 자를 폄하하고 실패하는 자를 우대하는 실패하는 재분배 평등주의 정책을 계속하겠다는 것이야말로 바보스러움의 극치이다.

3. 주류 경제학과 마르크스와 '일반이론'의 경제세계관

시장 중심의 신고전파 주류 경제학은 시장을 모든 경제주체에게 공평하고 평평한 운동장으로 본다. 완전경쟁 모형은 그래서 모두가 행복한 '니르바나(nirvana) 균형'을 보장한다.

이 세계관 하에서는 경제발전은 아주 기본적인 요소 공급만 충족되면—사실은 요소 공급도 시장에 의해 저절로 충족된다—저절로 일어나는 아주 일반적 현상이다. 이런 세계관 하에서는 시장의 자연적인 힘에 의한 균형상대가격 체계에 대한 어떠한 외부적 교란도 모두 왜곡으로 간주되며 따라서 발전 혹은 성장 역행적이다. 물론 시장 실패로 인해 균형에 실패하는 경우가 있으나 이는 단지 예외적인 현상으로 간주한다. 이런 세계관 하에서는 정부의 개입은 불필요하거나 바람직하지 않으며 아주 예외적인 경우만 필요하다고 본다. 나아가 기업은 시장 대체 현상이지 시장 확대 및 창출 주체로 보지 않는다. 기업이라는 조직은 없고 생산자 혹은 공급자만 있는 시장균형 모형이 이를 반영하고 있다. 물론 이러한 시장은 현실 시장의 게임규칙인 제도가 사상된 진공 속의 시장이다.

한편 마르크스를 중심으로 하는 사회주의 이념은 시장을 자본가에게 유리하고 노동자에게 불리하게 '기울어진 운동장'으로 본다. 마르크스의 자본에 의한 노동 착취 이론이 바로 이런 세계관을 반영한다. 그래서 자본주의 경제를 강자와 약자 간의 계급투쟁의 장으로 보고, 강자의 약자에 대한 착취의 결과 발생하는 경제적 불평등을 자본주의의 모순으로 본다. 특히 자본주의적 기업을 자본과 노동의 계급투쟁과 이에 따른 불평등의 모순을 재생산하는 원천으로 보고 사회주의화를 위한 제1의 청산 대상으로 본다. 기업과 자본가를 청산하는 것이 시장을 공평하고 평평하게 만드는 길이라고 본다.

불행하게도 시장 중심 세계관도, 계급투쟁 세계관도 모두 현실의 시장과는 거리가 많을 뿐만 아니라 역사적 경험에 부합하지도 않는다. 전자는 경제적 자유만 보장되면 시장이 저절로 발전을 가져오는 것처럼, 후자는 자본가와 기업만 청산하면 평등한 발전이 되는 것처럼 시사하지만, 어느 것도 경제발전의 보편적 역사와 잘 부합하지 않는다. 특히 20세기 후반 이후 사회주의의 몰락과 최근의 최첨단 시장경제와 민주주의 속 저성장과 양극화 현상 등이 이들 세계관의 타당성을 반증(反證)한다 할 것이다.

이상의 균형을 전제로 하는 주류 경제학과 불평등을 전제로 보는 마르크스의 경제세계관은 사실상 자본주의 경제를 주어진 자원을 주어진 목적에 배분하는 배분경제학(allocation economics)적 차원에서 본 제로섬게임적 관점을 반영한다. 자본주의 경제의 시너지 창출을 통한 복잡경제의 창발, 혹은 새로운 재화와 자원의 창조 기능, 혹은 발전 기능이 반영되지 않고 있다.

그러나 세상을 새로운 창발과 발전, 즉 발전경제학(development economics)적인 포지티브섬적 관점에서 보면 세상은 판이하게 다르다. '경제발전의 일반이론'은 기존의 시장세계관과는 판이하게 다른 세계관에서 출발한다. 현실 시장의 신상필벌의 차별화 기능과 성공 노하우의 무임승차를 통한 경제발전 현상에 대한 실사구시적인 인식에서 출발하는 시장관은 **시장은 경제적으로 스스로 도와 성공하는 선발자, 즉 창조자가 이들에게 무임승차하는 후발자, 즉 복제자에 비해 상대적으로 불리하게 기울어진 운동장**이라 본다. 따라서 경제발전은 항상 실패할 운명이며, 기업과 정부라는 조직이 신상필벌의 차별화 기능을 통해 스스로 돕는 주체들에 상응하는 대접을 함으로써 이들에게 불리하게 기울어진 운동장을 바로잡는 것이 경제발전의 필요조건이라고 본다.

이런 관점에서 보면 마르크스는 운동장의 기울기를 현실 세상의 이치와는 거꾸로 본 셈으로 결코 경제발전 친화적일 수 없으며, 무임승차, 즉 외부경제효과를 배제한 평평한 시상균형 하의 주류 경제학은 아예 경제발전 현상을 다룰 수 없는 배분경제학에 머물러 있다. 주류 경제학이 그리는 시장은 주어진 자원의 최적 배분은 설명하지만 새로운 자원의 창조는 설명하기 어렵다.

4. 자본주의 경제발전을 위한 이념

상공농사(商工農士)의 실사구시적 이념

소위 사농공상(士農工商)의 계급이념은 오랜 세월의 농경사회 생활 속에서 형성된 인류의 이념이다. 문과(文科)적 지식인을 필두로 부가가치 창출의 주역인 농민이 그 뒤를 잇고, 과학기술자와 상공인은 가장 하층계급으로 여겨졌다. 농경사회는 마차와 여타 농기구를 만들어 내는 풀무기술과 대장간이면 충분한 자급자족 경제에 불과하였기 때문에 그 이상으로 과학기술이나 상업활동이 필요치 않았기 때문이다.

그러나 자본주의 경제란 주식회사라는 기업이 새로운 과학적 기술과 아이디어를 이용하여 경제적으로 고차원의 유용한 재화와 서비스를 생산함으로써 마차경제에서 자동차, 비행기, 심지어 우주선

경제로 창발한 창조경제다. 따라서 자본주의 경제의 발전, 즉 농경 사회에서 산업사회, 지식 기반 사회로의 발전은 반드시 과학기술의 발전과 기업 활동의 신장을 그 전제로 한다. 이런 시각에서 보면 기업인과 기업 활동 그리고 과학기술인이 존경받지 못하는 사농공상의 농경사회는 경제발전 친화적이지 않으며, 역으로 자본주의 경제의 도약은 바로 실사구시적으로 기업인과 과학자, 기술자를 존경하고 제대로 우대하는 사회만이 누릴 수 있는 희귀한 현상이다. 선진국들의 산업혁명기는 물론 후발자들의 도약 과정은 바로 '상공농사(商工農士)'나 혹은 직업적으로 평등한 새로운 사회이념의 태동과 전파와 맥을 같이하고 있다. 따라서 상업인과 기술자들을 우대하거나 적어도 직업의 귀천이 없는 사회이념 속에서라야 자본주의가 꽃필 수 있다.

19세기 후반과 20세기 초에 걸쳐 일어난 문명사의 일대 변화 중 하나는, 아마 미국 경제가 태양이 지지 않는다는 그 막강 영국 경제를 추월한 사건이라 할 수 있을 것이다. 이 일은 그 전 세기 막강 중국을 영국이라는 섬나라가 추월하여 서양의 세기를 연 사건만큼이나 큰일이다. 어떻게 이런 일이 가능했을까?

영국은 17세기에서 19세기 초에 걸쳐 소위 '현대식 유한책임 주식회사' 제도를 발명하여 산업혁명을 일으키고 세계경제를 제패하였다. 인도와 아프리카 식민을 주도한 동인도회사 또한 국가권력을 부여받은 주식회사였다. 르네상스 이후 과학기술의 혁신과 창의적 아이디어들을 대량생산 방식을 이용하여 값어치 있는 재화와 서비스로 전환시킨 주식회사 기업제도가 영국으로 하여금 산업혁명을 통해 중국을 추월하고 서구의 시대를 열 수 있게 한 원동력이었다.

그런데 영국은 광대한 식민지를 바탕으로 과학기술의 발전과 주식회사 기업의 발명으로 산업혁명을 일으키긴 했지만, 여전히 문화적으로는 사농공상의 농경사회 계급적 이념 속의 귀족사회였다. 주식회사 제도를 발명했으나 상류층의 인재들은 여전히 기업을 일으키고 기업의 일원으로 삶의 성공을 추구하기보다 정치가나 관료, 학자 등 소위 '고매한' 직업에 종사하는 것을 선호하였다.

그러나 산업혁명이 진행되면서 영국 등 서구의 소위 기존 질서에서 이탈하여 신대륙으로 이주한 상대적으로 하층 직업 출신의 '새로운 아메리카인'들은 모국과는 전혀 다른 개척자적 인생관과 세계관을 창출하였다. 흥미로운 것은 1776년에 독립한 미국이라는 사회는 영국 등 다른 서구 선진국들과는 달리 농경사회의 전통적 계급이념인 '사농공상'의 이념적 바탕이 없이 바로 산업혁명 단계로 진입하여 처음부터 다른 문명에 비해 훨씬 더 자본주의적인 이념이라 할 수 있는 '상공농사'의 이념에 가깝거나 계급이념이 희석된 보다 평등한 이념적 사회로 출발하였다는 점이다. 물론 한때 남부를 중심으로 노예제도를 바탕으로 짧은 기간 동안 농경사회를 경험하기도 했지만, 시작부터 자본주의 산업사회 이념에 가까운 이념을 바탕으로 출발한 셈이라 할 수 있다.

그래서 미국은 자본주의적 기업을 일으켜 대기업으로 키워 내고 그 조직의 일원으로서 부를 일구는 것을 가장 중요한 인생의 삶의 가치로 여기는 새로운 이념을 창출하였다. 미국은 지구상에서 가장 실사구시적, 기업 친화적인 세계관을 창출하여 영국 모국이 발명한 기업제도를 최상으로 활용하여 짧은 기간에 영국을 추월할 수 있었던 것이다. 영국은 기업가나 기업가적 삶을 인생의 수단으로 간주하였지만 미국 사회는 이를 인생의 목적으로 간주하는 새로운 신대륙 문화를 창출하여 강력한 기업 생태계를 창출함으로써 세계경제를 한 세기 이상이나 주도하고 있는 것이다. 일류대학을 박차고 나가 창업하는 것을 아무도 폄하하지 않고 졸업생들이 얼마나 많은 창업을 하였는지를 자랑으로 여기는 대학문화가 미국의 강력한 기업 생태계의 바탕이 되고 있는 것이다. 그래서 미국경제는 경제학이 대책 없이 주장하는 '보이지 않은 손'이 아니라 '보이는 손'인 기업이 이끄는 경제라고 비유하고 있는 것이다.

자본주의 경제는 바로 역동적인 기업과 기업가들이 이끄는 경제이다. 이들이 폄하되는 사회는 어떤 방법으로도 성장과 발전을 이룰 수 없다는 것이 역사의 경험이다. 동북아에서도 일본의 메이지유신이 그러하고, 한국의 개발연대 한강의 기적, 즉 박정희 산업혁명이 그러하고, 중국의 지난 30년의 덩샤오핑 기적이 그러하다.

일본은 메이지유신으로 중앙집권이 강화되면서 봉건제의 산물인 사농공상의 최상층이었던 사무라이 계급이 무너지고 이들이 '주판을 든 사무라이'로 변신하여 산업보국(産業報國)의 새 이념을 체화한 새로운 기업가 그룹을 형성하면서 일본의 근대화가 가능하였다.

한편 한국의 산업혁명을 이끈 박정희는 성공하는 기업과 기업인을 국민적 영웅으로 대접함으로써 5천 년도 더 되는 세월 사농공상의 계급이념 속에서 짓눌렸던 한민족의 기업가적 창조의 본능을 살려 내어 오늘날 세계를 호령하는 세계적인 한국기업들을 만들어 내었다.

모든 기업을 국유화한 사회주의 체제의 몰락 속에서 다른 체제 전환국들은 거의 모두 기업이라는 조직의 재건에 실패하여 농경사회로 역주행하였으나, 덩샤오핑의 중국만은 일본과 한국의 기업 주도 성장 경험을 잘 살려 '선부론(先富論)'이라는, 부를 쌓는 자를 우대하는 반(反) 사농공상의 이념을 앞세우고 국영기업에 신속하게 자본주의적 경영을 도입하여, 지난 30여 년간 기업 주도 산업혁명을 이뤄 내었다.

산업혁명이든 지식경제든 창조경제든, 자본주의 경제의 창발은 사농공상의 계급이념을 탈피하여 상공업을 통한 부의 창출자들이 대접받는 보다 실사구시적인 이념을 창출하고, 이에 부합하게 기업과 기업가를 존중하고, 과학과 기술을 보다 숭상하는 제도와 정책을 통해서만 가능하였다.

새로운 이념을 어떻게 창출할 것인가

이념은 사회의 게임의 규칙인 경제제도의 원천이다. 이념은 그 자체로서 중요한 비공식적 제도일 뿐만 아니라, 이념을 중심으로 형성되는 정당의 정치 및 입법 활동을 통해 헌법, 법률, 더 나아가 행정부의 명령, 규제 등 공식적인 제도의 내용에 영향을 미침으로써 일국의 경제활동의 전체적인 인센티브 구조를 형성하는 경제 게임의 규칙을 결정하게 된다.

국민경제의 성공과 실패는 얼마나 부의 창출행위를 우대하는, 즉 신상필벌의 경제적 차별화에 부응하는 사회이념을 창출하고 이를 공식적 법제도 속에 담아 내어 국가의 제도로 정착시키느냐에 달려 있다. 제도를 만드는 것도 물론 중요하지만, 만든 제도를 엄격하게 실천하여 국민들의 행동이 바뀌도록 하는 것이 대단히 중요하다. 아무리 좋은 제도를 만들어도 집행 의지가 없으면 제도가 없는 것과 마찬가지이기 때문이다.

따라서 이제 경제발전의 관건은 어떻게 '경제발전 친화적 이념'을 창출해 낼 것인가 하는 문제이다. 경제학도 정치학도 이 문제에 대한 답을 제시하지 못하고 있다. 그동안 신(新) 제도경제학은 제도의 경로 의존성이 새로운 제도 도입과 변화에 장애가 된다는 경험적 사실은 적절히 지적해 왔지만, 제도 변화의 원동력이 무엇인지에 대해서는 아직도 뚜렷한 답을 제시하지 못하고 있다.

그러나 한국과 같이 이념을 포함한 제도 변화에 성공한 사례들을 통해서 보면 한 가지 분명한 것은, 국가 리더의 역할이 결정적이라는 점이다. 국가 리더가 신상필벌의 차별화 원리를 인지하고, 이를 국민들에게 설득하고, 입법과정을 통해서나 정책을 통해 경기 규칙으로 제도화해 내고, 이를 상당 기간 꾸준히 집행함으로써 국민들의 경제적 행동과 궁극적으로는 생각, 즉 이념마저도 바꾸어 낼 수 있었다. 새로운 규칙에 적응하면서 행동이 바뀌고 점차 생각의 바탕, 즉 이념도 바뀌게 된다는 것이다. 발전 친화적인 신상필벌의 차별화 이념을 체화한 강력한 설득의 리더만이 경제적 도약을 이끌었다는 것이 역사의 교훈이다. 한국의 박정희, 싱가포르의 리콴유(이광요), 중국의 덩샤오핑, 영국의 마거릿 대처 등이 그러하였다. 특히 한국의 새마을운동은 스스로 돕는 마을만 지원하는 신상필벌의 경기 규칙을 제도화 및 정책화함으로써 모든 국민들을 자조(自助)하는 국민으로 바꿀 수 있었던 의식개혁 성공사례라 할 수 있다.

5. 경제발전의 열 가지 신화와 진실

이상의 자본주의 경제발전에 대한 새로운 이해를 바탕으로, 이제 그동안 너무나 당연시해 온 경제발전에 대한 잘못된 신화들을 불식하고자 한다. 경제학계는 물론 정치인, 지식인, 일반인 들의 의식과 생각 속에 뿌리박은 몇 가지 신화를 짚어 보기로 하겠다.

1) 경제발전은 아무나 얻을 수 있는 과실(果實)이다?

경제학은 이미 지적한 대로 자본, 노동, 기술만 있으면, 그리고 자원만 있으면 누구나 이룰 수 있는 것처럼 가르친다. 생산요소만 잘 준비해 주면 시장이 알아서 경제발전을 가져다주는 것처럼 가르친다.

그러나 경제발전은 쉽게 얻기 어려운 대단히 희귀한 현상이다. 삼위일체 발전론은 이러한 발전의 희귀성의 원인이, 경제발전은 시장, 기업, 정부의 신상필벌의 차별화 기능의 교집합 하에서만 가능하다는 점에 있음을 밝혔다. 어느 한 주체라도 이 원리에서 벗어나면 아무리 많은 자원을 보유해도 경제발전은 어렵게 된다.

2) 경제발전은 균형발전이어야 한다?

2차대전 후 신생독립국들의 경제발전 문제를 고민하면서 태동한 주류 경제발전론은 그 시작에서부터 '평등의 이념 속의 균형발전'이 경제발전의 당위인 것처럼 가르쳐 왔다. 그래서 경제발전은 균형발전이라고 철석같이 믿는 신화가 만들어졌다.

그러나 삼위일체 발전론은 발전은 원천적으로 기울어진 현상 (lopsided affair)임을 보여 주고 있다. 차별화, 불평등은 경제발전의 필요조건이며 평등은 발전의 안티테제임을 강력히 시사하고 있다. 자본주의 경제발전은 동반성장하지만 같아지지 않는 과정이다.

3) 자유시장은 경제발전의 만병통치약이다?

최근 시장 중심의 주류 경제학과 신자유주의 이념, 그리고 신 제도경제학이 결합하면서 만들어 낸 워싱턴 콘센서스 등의 시장 중심 사고는 자유시장을 마치 경제발전의 만병통치약인 것처럼 가르친다. 마치 사유재산권과 경제자유만 주어지면 모든 나라가 다 경제발전을 이룰 수 있는 것처럼 오도한다.

오늘날 사유재산권이 없는 나라가 거의 없고 후진국 경제발전 전략으로서 분권화와 시장화, 정부 역할 최소화를 내건 서구식 시장경제 제도를 수입하지 않은 후진국들이 거의 없지만, 20세기 이후 경제발전은 여전히 희귀한 현상으로 남아 있다. 더구나 가장 선진화된 시장경제 국가들이 겪는 장기 저성장과 경제양극화 문제 또한 시장 중심 사고에 대한 큰 도전이다. 도대체 시장은 다 어디 갔는가? 그뿐 아니라 사유재산권은 물론 경제적 자유마저도 불충분한 상태에서 일어난 중국의 30년 넘는 초고속성장은 20세기 최대의 불가사의이다.

삼위일체 발전론은 시장은 인류가 터득하고 발전시켜 온 경제생활의 중요한 장치이지만 이것만으로 경제발전은 쉽지 않다고 했다. 시장은 항상 불완전하기 때문이다. 자유시장은 결코 만병통치약이 아니다.

4) 정부는 악인가 선인가

주류 자유시장 중심 사고는 정부를 악에 가깝다고 가르쳐 왔다. 물론 친 정부 사고는 역으로 선에 가까울 수 있다고 주장해 왔지만 논리적으로 큰 설득력은 얻지 못하고 있다. 여전히 시장 대 정부 논쟁은 흑백논쟁에서 못 벗어나고 있다. 주류 경제학은 이따금의 정부 개입이 시장 친화적이면 도움이 된다고 주장하지만, 어떤 개입이 진정 시장 친화적인지 분명하지 못하다. 평등주의 이념은 정부가 시장의 결과에 반대로 개입하여 경제불평등을 해소해야 균형발전할 수 있다고도 주장한다. 산업정책 논자들 중에는 정부가 시장 신호에 역행해서 개입해야 한다고 하는 이도 있다. 모두 다 단편적 시각을 못 벗어나고 있다.

삼위일체 발전론은 정부가 시장의 강점인 차별화 기능을 따라 실천할 때만 선일 수 있다고 가르친다. 정부는 악일 수도 있으나 시장과 마찬가지로 불완전할 뿐이다. 정부와 시장 모두 신상필벌의 차별화 기능을 수행해야 발전에 가까이 갈 수 있다. '시장이냐 정부냐'의 선택이 아니라, 모두가 다 필요하다.

5) 기업은 본이론 말고 부록에서나?

주류 경제학은 기업을 자본, 노동, 기술로 분해해 버림으로써 경제 기본이론에서는 빼 버리고 부록에서나 가끔씩 경제발전에 중요하다고 가르친다. 다른 모든 경제발전 논쟁에서도 기업은 주역이 아니다. 하이에크나 미제스나 자유시장주의 주창자들도, 심지어 창조적 파괴의 주체로 기업가 정신을 강조했던 슘페터마저도 기업가는 얘기하지만 기업이라는 사회적 기술의 중요성은 언급하지 않는다. 주류 경제학처럼 개인 경제주체의 하나로서 기업가를 얘기할 뿐, 모든 자원을 묶어 창발을 이끄는 현대식 기업조직의 의미나 중요성은 별로 강조하지 않는다.

삼위일체 발전론은 기업이 없으면 발전이 정지될 수 있음을 보임으로써 기업을 자본주의 경제발전 모형의 필수 요인으로 부각시키고 있다. 기업이 경제발전에 중요하다고 부록에서 주장하는 것과, 본이론에서 기업 없이 경제발전이 가능하지 않음을 체계적으로 보이는 것과는 기업의 역할을 보는 관점에서 볼 때 전혀 차원이 다르다는 사실을 이해할 수 있기 바란다.

6) 산업정책은 불공정무역 관행이며, 실패하는 정책이다?

산업정책은 이름부터 잘못되었다. 기업정책이 정명(正名), 즉 올바른 정책 이름이다. 산업은 다양한 기업의 집합일 뿐이다. 기업만이 진정으로 정책이 의도하는 인센티브 구조 변화에 반응하는 유기체적 경제주체이다.

기업정책으로서 산업정책은 정부 기능의 일부로서 신상필벌의 차별화 정책으로 시행되어야 성공한다. 성공하는 기업들이 더 많은 자원을 관리할 수 있도록 신상필벌에 따른 공정한 자원배분 시스템을 정비하는 것은 시장의 기능을 확충하는 것으로 정부의 기본적인 경제발전 기능이다.

이런 원리 하의 기업육성 정책은 장려되어야 한다. 산업정책을 백안시하고 있는 WTO 등의 국제기준도 재검토되어야 한다. 선진국, 후진국 모두가 오명(誤名)의 산업정책에 매달리고 있음에 주의해야 한다.

7) 경제발전은 국민경제 총자원의 합이다?

주어진 자원이 경제발전의 외연적 한계라고 생각하는 경향이 많다. 이런 생각은 기업을 생산요소로 분해하는 환원주의적 사고의 결과이다.

자본주의 경제는 비선형적 상호작용, 시너지 창출 기능을 통해 창발을 이끄는 체제이다. 자본주의는 현대적 기업의 창발 기능을 통해 무에서 유를 창출하는 독특한 창조경제 시스템이다. 자본 베이스와 위험부담 능력을 무한대로 확대할 수 있는 현대적 기업조직은 없는 자원을 창출하여 마차경제를 우주선경제까지로 창발시키는 역할을 한다. 부존자원은 결코 절대적 한계가 아니다.

8) 경제이론과 정책은 이념에서 자유로워야 하며 자유로울 수 있다?

'정치경제학'이라는 경제학의 본명은 정치현상과 독립적으로 경제현상을 설명할 수 없다는 생각에서 출발하였다. 경제발전 현상은 정치, 경제, 사회 모든 부분을 망라하는, 말하자면 종합예술이며, 그래서 경제를 다루는 학문도 이를 반영하여 정치경제학이라 불렀다.

그러나 경제학은 20세기 후반 이후, 특히 신고전파 종합 이후, 경제학의 수리적 정치성(精緻性)을 기초로 과학화 과정을 거치면서 경제이론에서 정치이념을 배제하고 정치경제학을 벗어나 자연과학과 같은 반열의 과학화에 성공하였다. 제도가 없는 추상화된 경제학이 탄생하게 된 것이다. 그래서 경제학은 학문으로서 정치이념에서 자유로워졌다.

그러나 현실경제는 여전히 정치와 정치이념은 물론 사회문화적 배경 등의 영향에서 벗어나지 못하고 있다. 특히 민주정치가 보편화되면서 정치의 경제에 대한 영향력은 더 커지고 있다. 이것이 바로 최근 들어 경제학의 현실 설명력이 크게 떨어지고 있다는 비판의 주요 원인이라고 생각한다.

이제 경제학은 정치와 정치이념의 경제적 영향력을 체계적으로 분석함으로써 어떤 정치체제가 경제발전, 특히 동반성장 발전에 친화적인지를 규명할 수 있어야 한다. 나아가 이를 통해 정치의 경제에 대한 부정적 영향을 최소화할 수 있는 경제 중심의 정치경제체제 이론을 정립해야 한다고 생각한다. 이를 필자는 경제정치학이라 부를 수 있다고 생각한다.[9]

---

9 경제정치학이란, 정치적 고려 하에 정치적 목적을 위해 경제를 수단화하는 것이 아니라, 경제적 고려 하에 정치가 경제를 합목적적으로 뒷받침하는 학문체계를 의미한다. 좌승희(2012) 참조.

9) 경제발전을 하려면 민주주의를 먼저 정착시켜야 한다?

18세기 후반 자본주의 경제체제의 맹아와 함께 등장하기 시작한 민주주의 정치체제는 자본주의 시장경제의 발전과 상호 시너지를 내면서 공진화(共進化)해 왔다. 2차대전 이후에는 경제선진국들을 중심으로 민주주의는 경제발전을 위해서도 필수불가결한 전제조건인 양 과거 식민지 등 신생 후진국들에 수출되었다. 20세기 후반 냉전이 자유민주주의와 시장경제 체제의 공산·사회주의 체제에 대한 승리로 끝나면서 혹자는 이를 끝으로 체제전쟁의 역사는 끝났다고 선언하기도 했다(Fukuyama 1992). 이제 자유와 평등의 이념을 바탕으로 하는 민주주의는 어떠한 가치보다도 중요한 정치이념으로서 심지어 신(神)의 경지에까지 이르러, 시장경제와 마찬가지로 경제발전의 만병통치약인 양 치부되고 있다.

그러나 이론적으로나 경험적으로나, 민주주의가 경제발전에 도움이 된다는 근거나 증거는 그리 확실하지 않다. 오히려, 많지 않지만, 20세기 들어 가시적인 경제성장과 발전을 가져온 경우들은 대부분 상대적으로 비민주적인 정치체제였다. 논리적으로 보면 1인 1표 민주정치가 오히려 정치적 평등을 넘어 경제적 평등을 추구하는 '평등민주주의'화할 소지가 많기 때문에 경제적 차별화에 역행하는 경제정책체제를 만들어 내어 경제 성장, 발전을 해칠 가능성이 크다.

10) 흥하는 이웃은 나의 성장 발전의 걸림돌이다?

주지하다시피 마르크스는 흥하는 이웃은 항상 남을 착취하기 때문에 나의 성장 발전에 장애가 된다고 설파하였다. 이것이 공산·사회주의 이념의 뿌리이다.

그러나 자본주의 경제발전의 본질적 속성은 그 반대로, 흥하는 이웃이 무임승차 당하는 과정이라 했다. 이 과정을 통해 흥하는 이웃이 다량으로 복제되어 등장하는 과정이 바로 경제발전이라 했다. 이 과정 없이는 자본주의 경제든 아니든 이 복잡한 세상의 변화가 일어날 수 없다는 것이 본서의 주장이다. 그래서 흥하는 이웃이 없이 내가 흥하고 모두가 흥할 수 있는 길은 없다. 그래서 흥하는 이웃을 키워 내지도 못하고, 이왕 있는 흥하는 이웃을 청산이나 하는 경제는 망할 수밖에 없는 것이다.

03

정치경제체제 유형과
경제발전의 역사적 경험

1. 정치경제체제의 이론적 분류

앞 장에서 제시한 경제발전의 명제들과 일반적인 정치체제의 분류 방식을 접목하면 다음과 같은 4가지 정치경제체제의 조합을 만들어 낼 수 있다(표 1 참조).

정치체제는 크게 1인 1표의 보통선거권에 기반을 둔 민주주의(A)와 이에 반하는 권위주의 혹은 독재 정치체제(B), 경제체제는 경제적 차별화(X)와 경제평등주의(Y) 정책체제로 나눌 수 있는데, 이로부터 4가지의 정치·경제체제 조합을 유도할 수 있다. 즉, AX는 차별화 민주주의(혹은 시장민주주의), AY는 평등민주주의(혹은 사회민주주의), BX는

표 1 정치체제와 경제체제의 매트릭스

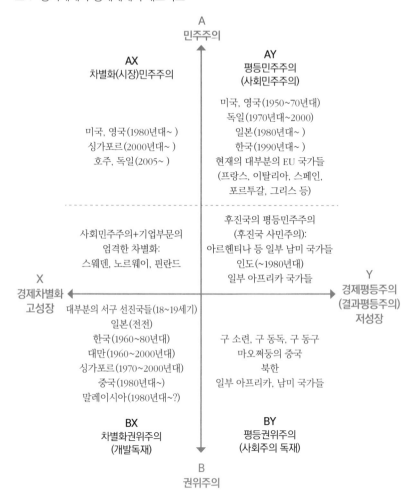

A 민주주의

AX 차별화(시장)민주주의

미국, 영국(1980년대~)
싱가포르(2000년대~)
호주, 독일(2005~)

AY 평등민주주의 (사회민주주의)

미국, 영국(1950~70년대)
독일(1970년대~2000)
일본(1980년대~)
한국(1990년대~)
현재의 대부분의 EU 국가들
(프랑스, 이탈리아, 스페인,
포르투갈, 그리스 등)

사회민주주의+기업부문의
엄격한 차별화:
스웨덴, 노르웨이, 핀란드

후진국의 평등민주주의
(후진국 사민주의):
아르헨티나 등 일부 남미 국가들
인도(~1980년대)
일부 아프리카 국가들

X 경제차별화 고성장

Y 경제평등주의 (결과평등주의) 저성장

대부분의 서구 선진국들(18~19세기)
일본(전전)
한국(1960~80년대)
대만(1960~2000년대)
싱가포르(1970~2000년대)
중국(1980년대~)
말레이시아(1980년대~?)

구 소련, 구 동독, 구 동구
마오쩌둥의 중국
북한
일부 아프리카, 남미 국가들

BX 차별화권위주의 (개발독재)

BY 평등권위주의 (사회주의 독재)

B 권위주의

Jwa and Yoon (2004) 및 좌승희(2006: 220)에서 수정[1]

---

1 이전까지는 정치체제를 A와 B, 경제체제를 C와 D로 각각 분류했으나, 정치 분류와 경제 분류가
별개임이 잘 드러나도록 본서에서는 경제체제를 C, D 대신 X, Y로 나타내기로 한다.

차별화권위주의, BY는 평등권위주의(사회주의 독재를 포함)라는 4가지 조합이 나온다. 표 1은 이 4가지 정치경제체제 조합에 따라 20세기 중·후반 이후 주요 해당 국가들을 배치해 놓은 것이다.

물론 보통선거라는 형식적 민주주의를 넘어 더 구체적인 내용을 가지고 민주주의 정도를 평가하기도 한다. 예컨대 행정수반 선거에 있어서의 경쟁과 개방 정도, 행정수반에 대한 견제 장치의 유무, 그리고 정치참여에 있어서의 경쟁도 등으로 실체적 민주주의 정도를 평가하기도 한다.[1] 그러나 이러한 기준들은 민주주의 제도 그 자체의 절대수준을 평가하는 것으로, 경제발전의 촉매 혹은 저해 요인으로서의 민주주의의 특성을 중시하는 본서의 관심과는 다르다. 이러한 기준에서 최상위의 민주주의라 해도 그 특성이 경제평등주의 이념에 경도되어 반(反) 신상필벌의 법제도를 만들어 내고 있다면 이는 경제발전 역행적이라 정의할 수 있다.

지금까지의 논의에 의하면 차별화민주주의(AX)와 차별화권위주의(BX)가 태생적으로 신상필벌의 경제적 차별화 정책을 추진할 수 있기 때문에 발전 친화적으로 성장과 발전을 유도할 수 있는 반면, 평등민주주의(AY)와 평등권위주의(BY)는 태생적으로 반 차별화 경제평등주의 정책에 경도된 체제이기 때문에 성장의 정체를 면키 어

---

2 정치학이나 제도경제학에서는 이 'the competition and openness in the election of the executive, the check on the head of the executive, and the competition in political participation' 등이 국가 거버넌스(governance)의 민주성을 평가하는 지표들이다.

렵다.

　가장 바람직한 체제는 물론 차별화민주주의지만, 민주주의의 속
성상 이 체제의 지속가능성은 그리 높지 않아, 많은 경우 평등민주
주의로 전락하게 된다는 것이 역사의 경험이다. 1인 1표 민주정치
는 많은 경우 포퓰리즘화되면서 정치적 자유와 평등의 추구를 넘어
경제적 평등을 추구하게 되는 것이 일반적 경향이다. 그래서 오늘
날 대부분의 선진국들이 평등주의 정치경제체제 하에서 장기 경제
정체에 빠져 있는 것이다.

2. 정치경제체제와 경제발전의 역사적 경험

차별화권위주의(BX)

　후진국의 경제도약(캐치업catch-up)은 주로 차별화권위주의 하에서
만 관찰되며, 사회민주주의 후진국이나 사회주의적 후진국의 경제
도약은 불가능했다. 따라서 저개발경제의 캐치업 단계에서 발전 친
화적인 정치경제체제는 제한적 민주화 하의 권위주의적 정치체제
와 신상필벌의 경제적 차별화 원리에 따른 엄격한 차별화 시장경쟁
체제라 할 수 있다.

　여기서 차별화권위주의형 정부의 시장 개입은 시장의 차별화 기

능에 역행하는 것이 아니라 오히려 시장의 차별화 기능을 더 강화하여 '경제적으로 좋은 성과를 우대함으로써' 경제적 수월성을 추구하는 사회 분위기와 국민성을 키워 내야 한다. 물론 이를 통해 시장의 경쟁을 촉진할 수 있다. 정부가 차별화 원리를 실천하는 한 정부의 역할 증대가 경제발전에 해가 되지 않는다. 시장 성과에 따른 차별적 지원을 통한 기업의 육성이 시장의 선택과 경쟁 촉진 기능을 확대하고 경제발전의 캐치업을 가속화시키는 수단이 된다. 기업의 육성, 금융지원 정책은 철저히 시장 성과에 따라 경제적 차별화 원리를 적용해야 한다. 여기서 권위주의적 정치체제는 '경제적으로 열등한 성과를 우대하려는' 민주정치의 속성이 시장경제 운영에 제약이 되지 않게 '정치를 경제화'하는 데 기여하기 위해 필요한 것(일종의 필요악)이지, 국민의 인권이나 일상 경제생활의 자유를 구속하는 수단이 되어서는 오히려 경제도약에 장애를 초래할 수 있다.

오늘날의 서구 선진국들도 모두 산업혁명기 이러한 정치경제체제 조합 하에서 산업화 도약을 이루었다. 영국의 산업혁명, 미국의 영국 캐치업, 프랑스나 독일 등의 캐치업, 일본의 메이지유신, 이 모두가 철저한 부국강병 혹은 기업부국 패러다임에 입각한 신상필벌의 경제적 차별화 전략으로 자국 기업들의 경쟁력 강화에 노력하면서 산업화에 성공하였다. 최근의 경험으로는 싱가포르, 말레이시아, 중국의 덩샤오핑 이후 30여 년, 한국의 개발연대 경험이 이에 해당된다.

특히 한국과 중국이 흥미로운데, 한국은 서구와 일본의 도약 경험을 무임승차하여 기업부국 패러다임 하에 정부에 이한 철저한 신상필벌의 차별화 수출육성정책, 중화학공업 육성정책, 새마을운동 등으로 한강의 기적을 이루었다. 특히 한국의 새마을운동은 농촌사회 의식개혁 운동으로 출발하였으나, 신상필벌의 경제적 차별화 전략을 원용하여 '성과 있는 마을은 지원하고 성과 없는 마을은 운동에서 제외한다'는 원칙을 적용함으로써 마을 간의 경쟁의식을 북돋아 잠자는 농촌을 깨워 농촌개발 경쟁에 몰입시킬 수 있었으며, 이를 통해 게으르고 남 탓하던 농촌 의식을 수년 만에 '하면 된다'는 자조의식으로 개조하고 나아가 농촌 개발에도 획기적인 성과를 낼 수 있었다. 새마을운동은 성과에 따른 차별화 전략으로 의식개혁과 동시에 농촌경제 발전이라는 일석이조의 효과를 얻을 수 있었던 것으로 평가된다.

중국은 한국을 무임승차하여 사회주의 경제체제 하에서도 정부에 의한 강력한 관치(官治) 차별화를 통해 법가의 신상필벌을 실천하고 선부론 사상을 앞세워 동기부여와 경쟁을 강화, 촉진함으로써 순수 자본주의 경제보다도 더 강력한 기업의 성장과 발전의 유인을 창출하여 30여 년간의 놀라운 경제도약의 기적을 만들어 내었다. 오늘날 중국은 『포천(Fortune)』 500대 기업 보유에서 미국에 이어 2위로서 근래에 일본을 추월하였으며, 한국은 십수 년 동안 10위권을 지키고 있다.

차별화(시장)민주주의(AX)

차별화민주주의는 민주주의 하에서도 경제적 차별화를 손상시키지 않음으로써 경제적 역동성을 유지할 수 있는 정치경제 조합이다. 많은 선진국들이 한때 이러한 조합 하에서 경제성장의 역동성을 유지할 수 있었으나, 2차대전 이후 대부분 포퓰리즘화하는 민주주의의 속성과 더불어 이미 앞에서 언급한 대로 사회주의 체제와의 체제 경쟁 속에서 오늘날 대부분 평등민주주의 체제로 전락하였다. 지금은 미약하지만 어느 정도의 성장을 하는 미국, 독일, 영국, 호주 등의 아주 일부 선진국들만 이에 해당한다고 할 수 있다.

사회민주주의 국가들 중에서도 신상필벌의 적극적인 기업육성 전략으로 기업 부분의 역동성을 유지하면서 자본주의 기업부국 패러다임을 실천하고 있는 스웨덴, 핀란드, 노르웨이 등 북구 일부 국가들은 이러한 체제에 해당한다. 특히 복지국가의 대명사처럼 불리는 스웨덴은 1990년대 몇 번에 걸친 경제위기를 겪으면서 복지제도를 철저한 신상필벌의 차별화 인센티브 복지제도로 개혁하고 그동안 유지해 온 강력한 기업 육성 전략을 유지함으로써 안정된 성장을 유지하고 있다.[2]

---

3 스웨덴은 20세기 초반부터 슘페터 식의 기업육성과 대기업의 국유화를 통한 사회주의화 전략을 추구하였으나, 1970~80년대 사회주의의 몰락을 보면서, 그리고 1990년대 금융경제위기를 겪으면서 과감하게 복지제도를 시장 친화적으로 개혁하면서 오늘날에 이르렀다. 이에 대해서는 좌승희(2008) 참조.

평등(사회)민주주의(AY)

　자유와 평등의 이념을 바탕으로 하는 민주주의는 1인 1표의 민주주의의 속성상, 정치적 평등을 넘어 경제적 평등을 추구하게 되는 경향이 높다. 후진국에서 경제적 차별화 전략으로 도약을 이룬 나라들이 민주화를 이루고 선진국으로 진입하면 대체로 일부의 예외를 제외하고는 수정자본주의, 사회민주주의 체제로 변질되어 왔다. 과도한 복지와 이를 지탱하기 위한 높은 누진세 부과 등 인위적인 경제평등을 추구하면서 개인과 기업의 성장 유인을 저상시킴으로써 장기 성장정체와 이로 인한 재정적자와 국가부채 누증 등으로 저성장·양극화와 재분배 강화의 악순환을 겪고 있다. 거의 대부분의 선진국들이 전후 이 체제를 경험했거나 여전히 이 체제 속에서 경제적 어려움을 겪고 있다.

　흥미로운 것은, 적지 않은 후진국들도 선진국들로부터 수정자본주의, 사회민주주의를 이식받아 이 체제를 유지하고 있으며 경제적 도약에 어려움을 겪고 있다는 점이다. 예외적으로 인도가 지난 십수 년 동안 전후 60여 년의 후진국 사회민주주의 체제를 극복하려고 노력하는 모습이 눈에 띄고, 브라질은 룰라 다 실바 시대 변신의 가능성이 보였으나 지금 또다시 어려운 과거 상황으로 회귀하고 있다. 또한 사회주의로부터의 체제 전환국들의 경우도 중국을 제외하고는 거의 모두 이러한 평등주의 정치경제체제 하에서 도약에 실패하고 있다.

한편 일본은 1970년대 서구식 사회민주주의 체제로 전환하여 내발적 균형발전과 서구식 복지제도를 전면 도입하면서 전 사회가 균형의 이념 하에 '일본열도 개조'에 매달리면서 부동산 버블을 자초하고, 반기업적 정책과 대도시 성장규제 정책 등으로 경제 역동성 하락에 직면하였다. 이것이 '잃어버린 20년'의 시작임과 동시에 현재진행형이며, 아직도 평등주의적 정치경제체제를 못 벗어나고 있다.

마지막으로 한국은 차별화권위주의 체제 하에서 한강의 기적을 이뤘지만 이미 앞에서 지적한 대로 1980년대 말 이후 급속도로 평등민주주의 체제로 빠져 20~30년간의 반 신상필벌과 반 차별화 정책체제 하에서 성장의 유인을 잃고 오늘날 2퍼센트대의 저성장과 분배 악화에 직면하고 있다. 대기업에 대한 성장 억제 정책과 중소기업에 대한 획일적 지원정책이 대기업, 중소기업 모두의 성장동기를 앗아감으로써 저성장이 고착화되고 일자리 창출이 어려워지면서 양극화가 심화된 것이다. 한국은 개발연대 일본의 성공한 전략을 나름 성공적으로 복제하였으나 공교롭게도 개발연대 이후 일본의 망하는 패러다임도 그대로 따라 하고 있다.

평등권위주의(BY)

정치적 권위주의나 독재가 경제적 차별화를 무시하거나 이에 반하는 평등주의 경제체제를 취하면 최악의 정치경제체제 조합이 된다. 전제군주 하의 농경사회와 같은 착취적 체제나 공산당 일당독재의 사회주의 체제가 그러하고, 포퓰리즘으로 유지되는 장기집권 권위주의 정권이 그러하다. 오늘날 일부 아프리카 국가, 남미 일부 사회주의 표방 국가도 유사한 경우이다.

물론 북한은 이 체제의 극단적인 형태라 해야 할 것이다. 장기 성장 정체와 동시에 소수의 집권층을 제외한 모두가 가난한 평등사회, 즉 극단적인 1퍼센트 사회가 이 체제의 결과이다.

04

세계 경제문제의 원인과
동반성장 친화적 정치경제체제의 모색

1. 오늘날 세계 경제난국의 원인: 평등민주주의 정치
경제체제

이제 왜 전 세계 경제의 장기 정체와 양극화의 원인이 평등주의 정치경제체제에 있는지를 이해할 수 있으리라 생각한다. 이미 지적한 대로 전후 60년 이상 인류가 추구해 온 정치경제체제의 이상과 제도와 정책의 기조가 '경제적 평등'이었음을 부인할 수 있는가? 오늘날 지구상의 어느 민주주의가 "경제적 불평등은 피할 수 없는 현실"이라고 말할 수 있을 것인가? 시장의 신상필벌의 차별화 기능에 역행하는 경제제도와 정책을 양산해 온 사회민주주의의 이상 혹은 체제가 바로 오늘날 경제난국의 원인인 것이다.

오늘날 한국경제의 저성장과 불평등 심화의 원인 또한 마찬가지이다. 개발연대 이후 한국경제가 추구해 온 좋은 성과는 폄하하고 나쁜 성과를 우대하는 평등주의 정책 패러다임이 성장과 발전의 동기를 앗아간 때문이다. 획일적으로 대기업은 규제하고 중소기업만 배려하고, 수도권은 규제하고 지방만 배려하고, 열심히 살아 성공하는 사람보다도 어려운 사람만 배려하겠다는 균형과 평등발전의 이념은 신상필벌의 발전 원리에 역행할 수밖에 없다. 성과에 관계없이 평등이 보장되는 순간, 혹은 보상이 성과에 미흡해지는 순간 개인과 기업의 성장동기는 사라지고, 성장이 정체되면 일자리 창출은 안 되고 중산층이 무너지면서 양극화는 심화된다. 복지, 사회 정책이 필요하나 자조 노력과 성취에 따른 신상필벌의 인센티브 차별화가 없으면 지속가능하지 않다. 취약계층의 자조정신과 성장발전의 동기를 유도하기 어렵기 때문이다. 선진국의 실패하는 복지가 이를 방증한다.

'일반이론'에 따르면 성과에 따른 경제적 불평등은 경제발전의 필요조건이지만, 성과를 무시한 경제적 평등의 추구는 경제정체의 충분조건이다. 발전의 과정에서 발생하는 경제적 성과의 차이에 따른 경제적 불평등은 마르크스의 주장처럼 모순이 아니라, 오히려 이 세상을 보다 나은 번영된 세상으로 이끄는 동기부여 장치이다. 이에 따르면 오늘날의 성장 정체와 양극화 현상은 바로 전후 반세기 넘는 세월 동안 경제적 성과를 무시한 반 신상필벌의 평등주의 경제정책체제가, 개인과 기업과 사회로부터 성장과 발전의 유인을 앗아간 때문이다. 성과를 중시하지 않는 사회는 결코 성과를 만들어 낼 수 없음이다. 성장의 유인을 잃고 경제 하향평준화로 가는 사회는 중산층이 소멸되면서 불가피하게 양극화에 직면한다. 그래서 경제적 평등의 보장은 동반성장의 안티테제이다. 공자의 '동이불화(同而不和)'와 좌구명의 '동즉불계(同則不繼)'의 경구를 명심할 필요가 있다.

2. 정치체제의 개념 재정립해야

평등민주주의 정치경제체제가 오늘날 세계는 물론 한국경제의 저성장, 양극화를 초래하는 원천이라는 데 동의한다면, 그런 이제 정치를 어떻게 해야 할 것인가?

우선 정치체제의 개념과 평가기준부터 바로잡아야 할 것으로 판단된다. 정치는 경제를 배제한 채 그 자체만으로서 평가될 수 있는 절대적 가치가 아니다. 경제가 잘되어 국민생활이 풍족해지고 안정되도록 하기 위해 선택될 수 있는 국가운영의 수단이 정치제도이다. 특정 민주주의가 지고(至高)의 선일 수도 없다. 다양한 형태의 민주주의가 있을 수 있고 국가의 목표에 따라 그 내용을 달리하는 민주주의를 선택할 수 있어야 한다.

그동안 민주주의도 비민주주의(예컨대 독재나 권위주의)도 정치권의 이해관계 속에서, 그들의 관점에서 정의되어 왔다. 정치인들의 관점이 아니라 국민들의 관점에서 정치체제가 정의되어야 한다. 지금의 민주와 비민주의 정의는 정치시장에서 권력을 얼마나 쉽게 경쟁을 통해 쟁취할 수 있느냐, 다른 말로 권력에 의해 국가자원을 자의적으로 배분할 수 있는 '특권'을 얼마나 쉽게 쟁취할 수 있느냐에 따르고 있는 것이다. 특권을 오래 독점하는 체제는 비민주적, 자주 교대해서 특권을 나누어 가질 수 있는 체제는 민주적이라고 정의하는 셈인 것이다. 서로 쉽게 특권을 나눌 수 있을수록 민주적이라 하는데, 필자의 귀에 이 말은 담합 체제가 좋다는 뜻으로 들린다.

만일 정치체제를 국민의 경제적 번영 측면에서 재정의한다면 정치적 관점에서의 분류와는 크게 다를 것이다. 이런 관점에서 보면 정치체제를 경제발전에 도움이 되는 정치와 그렇지 않은 정치로 분류하는 것이 적절하지 않겠는가. 아무리 민주주의라 하더라도 그 기능이 경제발전에 장애가 된다면 이는 개혁의 대상이 되어야 할 것이다. 정치체제는 그 자체만으로는 존재할 수 없으며 반드시 국민의 경제적 삶의 향상과의 연계 속에서 존재할 수밖에 없다. 이런 관점에서 접근하면 경제발전 친화성 혹은 동반성장 친화성 여부가 정치체제 선택의 제1의 기준이 되어야 할 것이다.

앞 제3장에서 분석한 4가지 유형의 정치경제체제 중에서는 '차별화권위주의'와 '차별화민주주의'가 경제발전 친화적이라 할 수 있다. 이 두 체제 중에서 어느 것을 선택하느냐는, 물론 각국의 처한 구체적 역사, 문화, 국민의 정치적 성숙도, 경제발전 정도 등의 여건에 따라 다를 수 있을 것이다.

3. 동반성장을 위한 실체적 민주주의: 차별화민주주의

정치에서 민주주의는 형식적 민주주의를 넘어 실체적 민주주의를 추구한다. 여기서 '형식적'이란 1인 1표의 절차적 민주주의를 의미하고, '실체적'이란 경제적 평등을 달성함으로써 부의 불평등이 정치에 영향력을 끼치는 것을 배제하여 모든 사람이 실질적으로 평등한 정치적 권리를 행사하는 민주주의를 지향한다는 것이다.[1]

이런 분류는 경제번영이라는 중차대한 문제를 도외시한 채 오로지 민주주의라는 지상과제의 실현을 위한 소위 평등만의 관점에서 보는 것이다. 여기서 경제는 정치를 보다 평등하게 하기 위한 수단일 뿐 국가운영의 종국적인 목표가 아니다. 그래서 수단인 정치가 오히려 목적이 되고, 목적인 경제가 수단으로 전락하고 있는 것이다. 이렇듯 경제를 도외시한 실체적 민주주의의 추구가 사회민주주의라는 평등민주주의를 가져왔고, 궁극적으로 시장의 차별화 기능

---

1 Dahl (1985, 1998) 참조.

을 무력화시킴으로써 지금의 저성장과 양극화를 초래하였다.

본서는 이론적 분석과 역사적 경험에 대한 관찰을 통해, 경제번영을 목적으로 보는 진정한 의미의 실체적 민주주의란 경제발전의 기본 원리인 '신상필벌의 차별화 원리'를 내포한 민주주의라야 한다고 주장한다. 다시 말해, 정치를 경제화할 수 있는 정치경제체제인 차별화민주주의가 경제번영을 지속가능케 한다고 주장한다.

역사를 보면 산업화와 민주화의 패턴은 대체로 농경사회의 착취적 경제평등주의 정치경제체제 하에서 시작하여, 발전 친화적 차별화권위주의 정치경제체제 하에서 산업화를 이루고 점차 민주주의체제로 진화해 왔는데, 소비자경제학적 관점에서 보면 민주주의는 사치재(luxury good)에 해당하는 것처럼 보인다.[2]

그런데 여기서 또 흥미로운 것은, '경제적 평등' 또한 이와 유사하게 사치재에 해당하는 것으로 보인다는 점이다. 금강산도 식후경인 셈이다. 평등은 우선 배가 불러야 요구하게 된다는 의미이다. 그리고 보다 흥미로운 것은, 바로 이 두 가지 사치재가 결합하기 시작하면 대부분 평등민주주의로의 진화를 피하기 어렵다는 점이다.

물론 이런 자연스러운 추세와 다른 경우도 있었다. 예컨대 저개발 후진국에서 공산주의 운동의 일환으로 전개된 노동자혁명이나 농민혁명을 통해 절대평등의 공산주의 체제로 전환한 러시아, 중국,

---

2 이런 관찰은 이미 상식이 되었다. 김인규(2014) 참조.

북한 등과 같은 경우나, 인도처럼 저개발 상태에서 오랫동안 사회민주주의를 경험한 경우도 있지만, 이런 경우는 궁극적으로 경제의 실패로 인해 체제의 몰락이나 전환이 불가피하였다. 인위적 평등은 지속가능성이 보장되기 어렵기 때문이다.

이런 시각에서 보면 자본주의 경제의 발전사는 계급투쟁의 역사도 아니고, 단순한 시장경제 발전의 역사도 아니고, 혹은 민주주의 발전만이 주도한 역사도 아니다.

산업혁명을 통한 농경사회로부터의 탈출은 대단히 제한적인 민주주의 하에서 '주식회사 기업제도'라는 새로운 사회적 기술이 이끌었다. 산업혁명 이후 19세기를 거치면서 경제발전과 소득의 상승은 선진국들을 중심으로 '민주주의'라는 정치제도에 대한 수요를 폭발시켰다. 그러나 소득의 상승은 동시에 '경제적 평등'에 대한 수요 상승을 동반하였다. 20세기 들어, 특히 전후 자본주의 경제의 괄목할 만한 성장과 더불어 경제평등에 대한 수요 증가가 수정자본주의 혹은 사회민주주의라는 형태의, 민주주의와 경제평등 이념이 결합한 평등민주주의 체제를 탄생시켰다.

자본주의와 사회주의는 근본적으로 경제평등에 대한 상반되는 이념을 기초로 하는 경쟁 체제로서 반세기가 넘는 기간의 냉전을 경험하였다. 그러나 20세기 후반 사회주의 체제의 몰락에도 불구하고 경제평등에 대한 수요는 사라진 것이 아니라, 민주주의 체제에 대한 수요와 결합하여 더 강력한 시너지를 내면서 선·후진국을 가리지 않고 공히 평등민주주의를 더 공고화하는 데 기여하고 있다. 사회주의 이념은 그 체제의 몰락에도 불구하고 자본주의 속에 공고히 살아 있는 것이다.

차별화민주주의는 자본주의 경제발전에 친화적인 가장 이상적인 정치경제체제이지만, 이 체제의 안정성은 그리 높지 않다는 것이 역사의 경험이다. 이 체제는 경제발전과 소득 향상에 절대적으로 유리한 체제이지만, 소득 향상 혹은 소득 안정은 민주주의와 경제평등에 대한 동반수요를 강화함으로써 평등민주주의의 길을 가게 된다는 것이 일반적 경향이었다. 그 결과는 안타깝게도 우리의 새로운 '일반이론'이 시사하는 바와 같이 **인위적 평등을 추구하는 사회는 경제정체와 경제 하향평준화를 통해 양극화에 직면하게 된다는 역설**을 확인시켜 주고 있다.

따라서 오늘날 전 세계와 한국이 직면한 시대적 과제는 민주주의 체제와 경제평등 이념을 효과적으로 격리하여, '차별화민주주의'를 공고히 함으로써 자본주의 경제의 태생적인 동반성장 메커니즘, 즉 같아지지는 않지만 모두 성장하는 동반성장을 어떻게 달성할 수 있을 것인가 하는 문제라 할 수 있다. 이런 격리 장치가 가능하지 않다면, 즉 정치를 경제화할 수 없다면, 평등민주주의의 강력한 정치적 호소력을 극복하기 어렵고 결국 경제성장이 경제정체와 불평등으로 이어지는 악순환이 반복되지 않을까 우려된다.

인류가 사회주의 몰락과 같은 극단적 경제내적 붕괴를 경험해야

지만 평등의 미몽에서 깨어날 것인지, 아니면 그 이전에 인류가 지성적 자각을 통해 새로운 길을 찾을 수 있을지 지켜볼 일이다.

05

박정희 동반성장의 산업혁명

성과와 경험[1]

1. 박정희 산업혁명

인류 역사상 최고의 동반성장

한국경제는 지난 1960~70년대에 걸친 박정희 산업혁명 시대와 1980년대 5공화국 시대에 걸쳐 30여 년간 인류 역사상 최고의 동반성장을 실현하였다.

1960년대 초부터 급성장하기 시작한 한국경제는 1980년대 후반

---

1 이 장의 논지에 대한 보다 상세한 논의는 좌승희(2006, 2015) 참조.

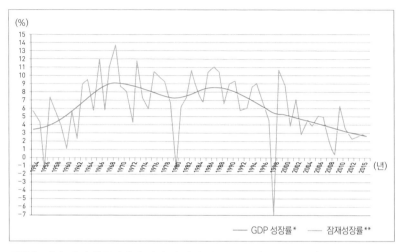

(%)

그림 2 지난 60년 한국경제의 실제 및 잠재 성장률 추이(1954~2015)

* 1954~2008년은 2005년 기준 고정가중법, 2009~2015년은 연쇄가중법에 의해 계산
** 호드릭-프레스컷 필터(H-P filter) 이용

한국은행

까지 약 30년간 연평균 9퍼센트에 가까운 잠재성장률을 시현하였으나, 1990년대 이후 30년 가까운 동안은 성장이 서서히 계속 둔화되어 오늘날 2~3퍼센트대의 잠재성장률에 그치고 있다(그림 2 참조). 한편 비슷한 기간중 세계 40개국의 성장과 분배에 대한 세계은행의 연구결과에 의하면 한국은 기간중 평균성장률이 최고일 뿐만 아니라 분배 또한 가장 양호한 그룹에 속하는 것으로 나타났다(World Bank 1993). 다시 말해 한국이 세계 최고의 동반성장을 시현하였다는 의미이다(그림 3 참조).

여기서 논의 기간을 1960년대에서 1980년대까지 포함하는 30년

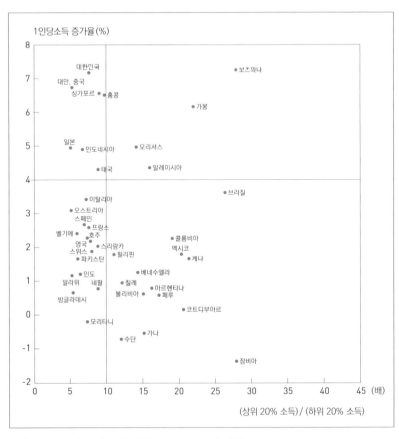

그림 3 주요국의 동반성장 경험(1965~1989년 평균)
World Bank (1993: 31)

으로 잡은 이유는, 이 기간에 상대적으로 안정적인 고성장 추세가
지속되었기 때문이다. 그러나 후술하는 바와 같이 제5공화국은 정
권의 정당성을 확보하기 위해, 박정희 시대가 경제사회 불균형을 초
래한 정의롭지 못한 시대였다는 주장 하에 박정희 정책 패러다임

과는 반대되는 경제제도와 정책을 다수 도입하여, 그 후 시차를 두고 나타난 1990년대 이후의 경제성장 추세 하락의 원인을 제공하였다. 나아가 1980년대의 고성장은 해외여건의 호조 속에 사실상 박정희 시대의 역동적 성장 추세에 무임승차한 시대라 할 수 있다. 따라서 1960~80년대 30년간의 세계 최고의 동반성장 경험은 그 기간 중 20년 가까이 진행된 박정희 산업혁명의 연장선 상에 있다고 볼 수 있다.

박정희 시대 한국은 '성과에 따른 신상필벌의 차별적 지원 정책'을 강력히 추진함으로써 시장의 동기부여 기능을 보완, 강화하여 성장의 유인을 극대화함으로써 성장과 분배를 동시에 개선한 유사 이래 최고의 동반성장을 시현하였다. 성공하는 기업을 지원하고 앞장세워 중소기업을 대기업으로 육성하고, 수출 우수 기업을 지원하고 앞장 세워 수출 기적을 이루어 내고, 또한 역량 있는 기업만을 지원하고 앞세워 중화학공업화에 성공하였다. 자조정신으로 성과를 내는 마을만 지원함으로써 잠자던 농촌을 깨워 시장경쟁에 몰입시키면서 새마을운동을 성공으로 이끌었다. 모든 개인과 기업과 마을이 정부의 '성과 있는 국민과 기업만을 지원한다는 신상필벌의 차별적 인센티브 구조' 속에서 역동적인 성공경쟁을 벌이면서 동반성장을 이뤄 냈다.

수출이 견인한 박정희 동반성장의 선순환 구조

동반성장이란 적어도 분배의 악화 없이 모두의 소득이 성장함을 의미하며, 경제의 온기가 위에서 아래로 흘러내리는 소위 낙수효과의 결과라고 본다. 경제란 성장을 주도하는 부문이 창출하는 유발수요(誘發需要)를 통해 모든 부문이 상호 연계 속에 동반성장하는 복잡계 현상이다. 경제활동이 왕성한 부문에서 그렇지 않은 부문으로 성장효과가 퍼져 나감으로써 전체 경제가 같이 성장하게 된다는 것이다.

여기서 어떠한 이유로든 정부의 정책이 이런 낙수효과를 차단하게 되면 동반성장은 어려워진다. 예컨대 소위 균형발전이나 경제민주화, 혹은 말뿐인 동반성장이라는 이념 하에 성장이 앞선 부문이나 지역의 활동을 억제하게 되면, 그런 이념의 실현은 고사하고 오히려 낙수효과의 원천이 약화되면서 양극화에 직면하게 된다. 쉽게 말해 잘 흐르는 강의 상류에 댐을 쌓아 낙수효과의 원천을 봉쇄하면 하류가 고갈되는 것과 같이, 성장을 주도하는 기업 부분이나 지역의 경제활동을 제약하면 덩달아 나머지 경제의 정체는 불가피해진다. 대기업의 투자를 억제하면 부품 공급 중소기업의 성장이 타격받고, 지역 거점 경제의 성장이 억제되면 여타 지역의 성장이 지체되는 법이다. 제조업 부문의 성장이 억제되면 덩달아 서비스업 부문이 어려워지는 법이다.

그럼 박정희 대통령 시대에는 어떻게 요즘같이 요란한 균형발전이니 경제민주화니 재분배 정책도 없이 최고의 동반성장을 이뤘는 가? 바로 수출 육성 정책을 통해 자본주의 경제성장의 낙수효과를 극대화하였기 때문이다. 수출 지원 정책으로 급성장하는 수출 제조 기업들이 정부의 적극적인 독려 하에 거의 아무런 제약 없이 수출 수익을 국내에 재투자함으로써 중소기업 및 서비스업과 농업 등에 대한 유발수요를 창출하면서, 수출 지원 때문에 상대적으로 역차별 당하던 내수가 복원되어 내·외수, 대·중소기업, 제조업·서비스업, 제조업·농업 간의 동반성장의 선순환 구조가 형성되고 동시에 일자 리가 빠른 속도로 창출되면서 중산층이 지속적으로 확대되었다. 당 시에는 오늘날처럼 기업의 크기, 분야, 지역에 따른 각종의 차별적 투자활동 규제가 일체 없었음은 물론 적극적인 수출기업 육성 정책 으로 수출이 폭발적으로 증가하면서 수출만 잘되면 낙수효과를 통 해 모두가 행복한 동반성장의 시대를 열었던 것이다.

2. 박정희 경제적 차별화 정책의 주요 사례 [2]

결국 박정희 시대는 '일반이론'의 핵심 원리인 경제적 차별화 원 리를 정책적으로 실천하여 수출증진과 중화학공업이라는 유치(幼稚)

---

2 이 절의 내용의 많은 부분은 좌승희(2006, 2015)에서 인용하였다.

산업 육성에 성공하면서 20년도 안 되는 기간에 중소·중견 기업들을 세계적 대기업으로 육성시켜 기업 성장이 주도하는 자본주의 산업혁명에 성공하였다. 나아가 경제적 차별화 원리를 '하늘은 스스로 돕는 자를 돕는다'는 깃발 아래 새마을운동에도 적용함으로써 5천 년 동안 하늘 탓만 하던 잠자던 보릿고개 농촌의 의식을 '하면 된다'는 자조정신으로 충만한 자본주의 시장 이념으로 바꿔 내어 도시와 농촌의 동반성장에도 성공하였다. 새마을운동은 사회 의식개혁 운동으로 출발한 운동을 경제적 차별화 전략으로 경제발전 운동으로 바꿔 내어 자조정신의 창발과 소득증대라는 일석이조의 효과를 낸 희귀한 성공사례였다. 오늘날 지속가능성 유지에 실패하고 있는 전 세계의 재분배 복지정책이나 사회정책 그리고 경제역량 강화정책(economic empowerment policy)의 지속가능성을 높이기 위한 정책적 대안이 바로 새마을운동의 성과에 따른 차별적 지원 정책에 있음을 전 세계가 이해하게 되기를 바란다.

이하에서는 수출 육성정책, 중화학공업 육성정책과 새마을운동에 있어서 경제적 차별화 원리가 어떻게 구현되었는지를 구체적으로 살펴보고자 한다.

수출 우량기업을 더 우대한 수출진흥 정책

수출진흥은 무엇보다도 중요한 경제개발 전략이다. 박정희 대통령은 수출 우량기업을 더 우대하는 경제적 차별화에 기초한 수출진흥 정책을 추진하였다. 매월 수출진흥확대회의를 통해 수출 동향을 점검하고 수출증대를 위한 모든 시책과 애로 타개 방안을 논의, 결정하였다. 그리고 1965년부터는 1964년 11월 말 수출 1억 달러 달성을 기념하여 11월 말일을 수출의 날로 정하여 매년 수출의 날 행사를 열어 연중 수출 유공자에 대한 격려와 시상을 하였다.

수출 유공자 표창은 연례 국가행사로 박정희 대통령 집권 18년 중 15년간 지속되었는데 대통령 이하 관련 각료, 경제단체장, 금융기관장, 기업인, 관련 학자가 참석하고 전 국민의 환시 속에 그해의 대한민국 최고의 (수출)기업과 기업인들을 뽑는 일종의 미인대회와 다름없었다. 이 대회를 통해 한국의 모든 기업들은 그들이 올린 수출 실적에 따라 등수가 매겨지고 상위 기업과 기업인들은 국가로부터 훈장과 표창을 받음으로써 산업 역군으로서 인정받게 되었던 것이다. 그리고 일단 이 대회에서 인정을 받게 되면 그 당시로서는 최고 우량기업으로 인정받아 각종 금융지원이나 정부 지원에서 유리한 고지를 점할 수 있었다. 은행의 차별화 기능, 다른 말로 표현하면 은행의 대출심사 기능이 미흡한 당시 상황에서 국내 은행들에게 있어서 수출 유공자 표창대회야말로 국내 기업들에 대한 신용등급 정보를 얻을 수 있는 가장 중요한 기회였던 것이다. 따라서 여기서 상위 등수에 든 기업들은 정부와 은행으로부터 차별적으로 우대를 받음으로써 사실상 성공을 보장받는 것이나 다름없었다.

당시 한국 기업인들에게 수출은 기업 성공은 물론 개인적으로도 인생의 성공 여부를 판가름하는 제일 중요한 수단이 된 것이다. 따라서 기존의 수출기업들은 물론 새로 기업을 일으키겠다는 생각을 가진 사람들에게 있어서는 수출실적을 올려 국가와 사회로부터 인정을 받는 것이 기업인으로서 성공을 위한 지상과제가 되었다. 결국 이런 과정에서 한국의 모든 기업인들은 '하면 된다'는 발전의 정신을 체화하게 되었고 너도 나도 눈만 뜨면 세계 오지를 가리지 않고 수출 전선으로 나서게 된 것이다.

시장 검증을 받은 기업에만 진입을 허용한 중화학공업 육성

그동안 학계 일각에서는 중화학공업 육성정책이 정부의 진입 규제에 따른 전형적인 자원배분의 왜곡과 과잉투자에 따른 인플레 등 거시경제 불균형을 초래한 정책이라고 비판해 왔다. 그러나 오늘날 소위 한국경제를 먹여살린다는 주력 업종들이 거의 모두 1970년대에 시작된 산업들임을 감안한다면 당시의 중화학공업화 전략을 실패했다고 할 수는 없다고 생각한다.

박정희 대통령은 1970년대 중화학공업 육성정책을 추진함에 있어서도 철저하게 성과를 중시하는 차별화 정책을 시행하였다. 일정한 자본력을 갖춘 능력 있는 기업들을 중심으로 중화학 부문의 사업권을 부여하고 지원하는 차별화의 원칙을 고수하였다. 정부는 소요자본의 25퍼센트를 부담할 수 있는 역량 있는 기업만 진입할 수 있게 하고 여기에 나머지 75퍼센트의 소요자금은 국민투자기금을 조성하여 지원하였다. 따라서 당시의 여건으로는 노동집약적 산업 중심의 수출진흥 단계에서 수출 실적이 우수하여 자본을 축적할 수 있었던 역량 있는 기업들만이 이 조건을 충족시킬 수 있었기 때문에 결과적으로 엄격한 관치에 의한 경제적 차별화 전략을 시행한 셈이 되었다.

우리는 중화학공업 육성정책의 성공 요인이 정부의 개입 그 자체가 아니라 엄격한 차별화 원리 하에 우량 기업 중심으로 참여가 허용되고 지원정책이 뒤따라 이루어졌기 때문이라고 본다. 중화학공업 부문에 진입이 허용된 대부분 기업들이 소위 독재정권에 순응하여 수출진흥 정책에 적극 참여해 온 세칭 정경유착의 수혜자들일 수도 있지만, 이들만이 그 당시 수출활동을 통해 능력 있는 기업으로서 또는 기업인으로서 시장으로부터 인정받고 있었다. 따라서 이들 기업들을 중심으로 진입이 허용되었음은 의도했든 안 했든 결과적으로 경제적 차별화 발전 원리에 맞는 관치 차별화 전략을 택한 셈이 된 것이다.

성과를 내는 자조하는 마을만 지원한 새마을운동

박정희 대통령은 1970년부터 새마을운동을 추진함으로써 농촌의 의식개혁과 농업 부문의 소득증대를 도모하였는데, 이 운동은 박정희 차별화 정책 패러다임의 백미라 할 수 있다. 물론 새마을운동의 성공을 한 가지 요인만으로 설명하기는 어려울 것이다. 그러나 경제발전의 일반원리 관점에서 볼 때 그 많은 요인 중에서도 성공의 필요조건이라 할 수 있는 가장 중요한 요인은 '자조하는 마을만 지원한 정부 주도의 관치 차별화 정책'이었다 할 수 있다. 당시 관치 차별화가 진행된 과정을 좀 더 극적으로 정리하면 다음과 같다.[3]

우선 운동을 주도한 박정희 대통령의 기본 철학을 들어 보자.

> 빈곤을 자기의 운명이라 한탄하면서 정부가 뒤를 밀어 주지 않아 빈곤 속에 있다고 자기의 빈곤이 타인의 책임인 것처럼 불평을 늘어놓는 농민은 몇백 년이 걸려도 일어설 수 없다. 의욕 없는 사람을 지원하는 것은 돈 낭비이다. 게으른 사람은 나라도 도울 수 없다. (김정렴 1997: 257)

이것이 새마을운동을 시작하면서, 그리고 새마을운동 기간 중 계속해서 대통령을 통해 전달된 대 농민 메시지였다.

새마을운동의 첫 해인 1970년에 정부는 전국 3만 4천여 개의 마을에 200 내지 300포대씩의 시멘트와 철근, 약간씩의 현금을 마을 규모에 따라 적절히 지원하고, 10여 개의 새마을운동 프로젝트를 시

---

3 이하 이 항의 논의는 많은 부분을 좌승희(2006: 272-75)에서 전재 혹은 인용하였음.

달하여 그중에서 마을총회에서 자발적으로 선택하여 추진토록 하였다. 그다음 해에 그 성과를 평가한 결과 1만 6천 개 마을은 소기의 성과를 달성했지만, 과반수가 넘는 나머지 1만 8천 개 마을은 목표치에 미치지 못하였다. 당시 정부의 공개 및 비공개 암행감사에 의하면 많은 마을들이 시멘트 포대를 야적해 놓고 비가 와도 덮지 않은 채 방기한 경우가 많았다고 한다.[4]

이 결과를 놓고 제2차년도 새마을운동 사업 지원 방식에 대해 논란이 많았지만, 박 대통령은 공화당과 장관들의 반대에도 불구하고 사실상 당시 인기 없던 장기집권 정권의 명운을 걸면서까지 성과가 좋지 않은 1만 8천 개의 마을에는 전혀 지원하지 않았고, 성과가 좋았던 1만 6천 개의 마을에만 시멘트의 지원량을 100~200포대 정도씩 늘림과 동시에 아주 우수한 마을의 경우는 현금 지원도 더 늘렸다. 그리고 2차년도를 시작하면서 정부에서는 지원받지 못하는 마을에 대해서는 앞으로 자력으로 새마을운동에 참여해서 성과를 내지 않으면 지원하지 않는다는 방침을 시달한 것으로 알려지고 있다. 그런데 사업 종료 후 평가 결과 지원을 받지 못한 1만 8천 개 마을 중에서 6천 개의 마을이 자력으로 참여해서 소기의 성과를 내었다. 그다음 해에는 이 6천 개의 마을에 대해서도 지원했다.

이렇게 해서 박 대통령은 전국 마을을 참여도가 가장 낮은 '기초

---

4 본문의 새마을운동 실적 자료는 김정렴(2006)에서 인용.

마을', 이보다 좀더 열심인 '자조마을', 그리고 가장 성과가 높은 '자립마을'로 구분하고, 기초마을은 제외하고 자조마을과 자립마을에만 물자 지원을 배분하게 하였다.

박정희 대통령은 새마을운동의 정책기조와 관련하여 다음과 같이 성과에 따른 차별화 전략을 천명하였다.

작년에 전국 3만 2천여 개 부락에 대하여 많은 금액은 아니었지만 농어민의 분발심(奮發心)을 일깨우기 위하여 지원을 해 본 결과 좋은 성과를 거둔 부락도 있었고 그렇지 못한 부락도 있었습니다. 이 경험을 살려 앞으로는 일률적인 지원 방식을 지양하고 우선 금년은 그 대상을 절반으로 줄여 1만 6천여 부락에 대하여서만 지원을 하기로 하였습니다. 금년에는 작년에 성적이 나쁜 부락은 전부 낙제, 유급을 시키고 성적이 좋은 부락만 올려 이번 2차년도에 계속 지원을 하겠다는 것입니다. 금년 1만 6천여 부락 중에서 잘하는 부락을 다시 가을쯤에 심사해서 우수한 부락에 대해서는 내년에 3학년생으로 진급을 시켜야겠습니다.

그리고 낙제한 부락 중에서 작년에는 성적이 나빴지만 그동안에 분발을 해서 단결이 잘되고 한번 해보자는 의욕이 왕성한 부락은 다시 선정을 해서 내년에는 2학년생으로 진급을 시켜 금년에 지원한 정도로 지원해 준다, 거기서 또 실적이 나쁘면 낙제를 시키고 좋은 부락은 3학년생으로 진급을 시킨다, 작년에 진급한 3학년생을 다시 심사하여 4학년생으로 진급시켜 대폭적으로 지원을 한다 하는 것이 새마을운동에 대한 정부 지원의 기본 방침입니다.

왜 그렇게 해야 되느냐 하는 이유는 간단합니다. 농어촌을 일률적으로 지원해 본 결과 기대한 만큼 성적을 거두지 못한 것이 사실입니다. 부지런하고 잘하는 부락은 우선적으로 도와주자, 이웃하여 있는 부락이라도 한 부락은 상당한 수준으로 소득이 증대되고 부락 환경이 개선되어 살기 좋은 마을이 되는가 하면, 다른 부락은 아주 뒤떨어진 마을이 될 수도 있는 것입니다.

일은 하지 않고 노름이나 하고 술이나 마시고 게으른 그러한 퇴폐적(頹廢的)인 농어촌을, 부지런히 일해서 잘살아 보겠다고 발버둥 치는 그런 농어촌과 꼭 같이 지원해 준다는 것은 오히려 공평한 처사라 할 수 없습니다. 계속 성장한 부락은 조금만 더 지원해 주면 그다음에는 정부에서 손을 떼어도 될 것입니다. 물론 뒤떨어진 부락들은 불평을 할 것입니다. 잘한 부락 사람들의 소리는 들리지 않고 게을러서 뒤떨어진 부락의 불평 소리는 크게 들릴지 모릅니다. 그러나 그 불평에 귀를 기울일 필요는 없습니다.[5]

이러한 철저한 경제적 차별화 전략이 시행된 후 7년 뒤인 1977년에는 모든 마을이 자조마을 이상으로 향상되어 기초마을은 사라지게 되었다(표 2 참조).

결국 '스스로 돕는 마을만 지원한다'는 정부의 차별적 지원 정책

---

5 조갑제·김은중(2003: 274) 재인용. 인용 첫째 줄의 '3만 2천여'는 '3만 4천여' 개의 잘못인 듯하다.

표 2 연도별 마을 현황

	총 마을 수	자립마을	자조마을	자립·자조 마을 계	기초마을
1972년 말	34,665	2,307	13,943	16,250	18,415
1973년 말	34,665	4,246	19,763	24,009	10,656
1974년 말	34,665	7,000	21,500	28,500	6,165
1975년 말	35,031	10,049	20,936	30,985	4,046
1976년 말	35,031	15,680	19,049	34,729	302
1977년 말	35,031	23,322	11,709	35,031	0
1978년 말	34,815	28,701	6,114	34,815	0
1979년 말	34,871	33,895	976	34,871	0

내무부(1980)

이 새마을운동을 열화와 같이 전국적으로 퍼뜨리고 농촌사회에서
도 소위 '하면 된다'는 발전의 정신을 일으키는 데 기여했다. 만일
두 번째 해에도 평등하게 똑같이 나누어 분배하는 식으로 지원했다
면, 경제적 차별화 발전 원리에 따르면 새마을운동은 성공하지 못
했을지도 모른다.

새마을운동의 성과는 운동 시작 후 5년 만인 1974년도에 농촌과
도시의 가구당 평균소득 수준이 같아졌다는 사실 ─ 물론 여기에는 정
부의 여타 농어촌 소득증대 사업도 크게 기여하였다 ─ 로부터도 쉽게 확
인할 수 있다(그림 4 참조).

한편 새마을운동과 관련해서 박정희 대통령이 얼마나 정치의 경
제정책 왜곡 가능성을 경계했는지에 대한 일화들도 확인되고 있다.
위에서 언급한 2차년도 지원 방식 결정 과정을 보면 알 수 있듯이 정

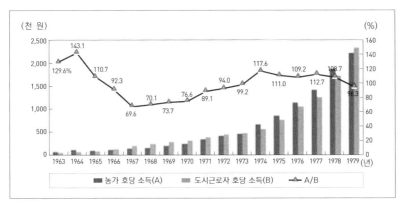

그림 4 농촌과 도시근로자 호당 평균소득 비교
한국은행

치인들과 장관 등 국무위원들은 대통령에게 여러 경로를 통해 차등
지원의 정치적 부담을 이유로 균등지원을 건의했으나 대통령은 한
사코, 심지어 정권의 명운을 걸고라도 차등지원하겠다는 강경한 자
세로 차별적 지원을 결정했음이 증언되고 있다.[6] 아마 오늘날 한국
의 정부나 정치권의 상식으로는 새마을운동을 성공시키기 위해서
는 성과가 부진한 기초마을을 우선 지원, 육성하는 것이 옳은 정책
이라고 강변할 것이다. 물론 성공 여부와는 관계없이 표를 위해서도
당연히 그렇게 할 가능성이 높다고 보아야 할 것이다.

---

6 김정렴 당시 청와대 비서실장이 전해 주는 차별적 지원을 결정하는 과정의 비화가 대단히 흥미롭
다. 최초 국무회의 결정은 제2차년도에도 무차별 균등지원하는 것이었으나 대통령이 차별지원을
고집하여, 공화당의 사무총장인 길전식 의원과 내무부장관 김현옥이 대통령 설득에 나섰으나 실
패하고, 그 후 공화당의 소위 '실력자 5인방'이 설득하려 하였으나 박 대통령은 "정권을 내주는 한
이 있어도 차별지원을 하겠다"고 해서 이러한 결정이 내려지게 되었다고 한다.

한편 1973년부터는 새마을운동의 일환으로 새마을공장 육성정책을 추진하였는데, 농촌의 읍·면 지역에 농산물가공공장을 건설하여 수출산업화하기 위한 전략이었다. 세금 감면 조치, 수출 지원 조치, 운영비 보조 등을 통해 육성 지원하였다. 추진 과정을 보면 최초 1973~74년 운영 실적을 기초로 성과가 있으면 지원하고 없으면 지원을 감축한다는 지침 하에 추진하였는데, 당시 상공부의 결과 평가에 따르면 270여 개의 농촌공장 중 30퍼센트 정도가 좋은 성과를 내고 나머지 70퍼센트는 성과가 미흡하였다. 이에 따라 정부는 성과를 낸 30퍼센트의 새마을공장에만 지원을 확대하고 다른 공장에 대해서는 지원을 삭감하였다. 이 또한 경제적 차별화 전략의 일관된 적용 사례라 할 수 있다.[7]

이상의 성공 역사와는 달리, 박정희 대통령 사후 새마을운동 정신과 성과는 점차 약화되기 시작하였다. 박정희 대통령은 새마을운동의 시작서부터 새마을운동을 순수 주민자치에 기초한 '잘살아 보자'는 자발적 자조·자립 운동이어야 한다고 강조하고, 이 운동을 정치적으로 이용하려는 어떤 움직임도 철저히 차단하였다. 그러나 박정희 대통령 사후 새마을운동은 본래의 순수 목적을 벗어나 점차 정치

---

7 당시 상공부 새마을공장지원과 과장(조남홍 전 경총 부회장)의 증언에 의하면, 청와대에는 새마을비서관, 고건, 김종호, 이진설 등이 근무했으며, 청와대가 성과에 따른 차등지원 정책을 주도하였다고 한다. 이에 대해 조남홍은 성과 나쁜 70퍼센트도 조금만 더 지원하면 좋은 성과를 낼 수 있을 것이라고 항변하였으나, 결국 조 과장은 다른 자리로 좌천되고 차등지원 정책은 그대로 시행되었다고 한다.

화(政治化)되기 시작하였다. 그동안 대통령이 직접 관리해 온 운동을 이제 민간 자율로 한다는 명분하에, 1980년 12월 1일에 새마을운동 중앙본부라는 조직을 만들고 같은 달 13일에 새마을운동조직육성법을 만들어 전국조직화하고, 심지어 정치권력자가 회장을 맡으면서 본래의 새마을운동은 점점 정치운동화되어 갔다.[8]

법을 만들어 법정단체가 되면 정치의 통제를 받게 됨은 불문가지이며, 전국조직이 되면 조직의 장(長)에서부터 각 지역조직의 장 등 온갖 감투가 만들어지고, 그에 따른 기득권이 생기고 자리다툼이 생기고, 여기에 정치적 입김이 들어오면 운동은 더 이상 순수성을 유지하기 어렵게 된다. 명분은 민간 주도였으나 실상은 정부나 정치권의 영향력을 더 크게 받는 관변 조직으로 변모한 것이다. 운동의 목표가 의식개혁과 경제, 환경개선 등의 순수 사회경제적 목적에서 다목적 사회운동으로 바뀌고, 법률상 국고 및 지방비의 출연이나 개인과 법인단체로부터 새마을성금을 받을 수 있게 하면서 자조·자립보다는 정부의 예산 확보와 성금 모금 등을 통한 외부 도움에 의존하게 되고, 관변조직화되어 중앙조직의 지휘 하에 획일적으로 사업을 집행하게 되면서, 자발적 공동체 중심의 운동 정신은 사라져 갔다.

그러나 여기에서 무엇보다도 중요한 변화는 '좋은 성과를 지원한다'는 차별적 지원 전략이 사라지고 '성과에 관계없이 균등하게, 혹

---

8 초대 중앙회 회장은 김신이 맡았고 1985년 제4대 회장에 당시 전두환 대통령의 동생인 전경환이 취임하였다.

은 성과가 낮은 곳에 지원한다'는 평등주의 지원 정책이 일반화되게 된 것이다. 평등주의 지원 정책, 혹은 공적 자원의 균등배분 정책이 어떤 결과를 가지고 오는지 살펴보면 새마을정신의 중요성을 다시금 깨달을 수 있게 된다. 지난 20여 년간 한국의 농업 구조조정 정책은 구조조정에 적극적이고 변화를 만들어 내는 농민을 우대하기보다 역으로 구조조정을 하지 않는 농민들을 더 우대함으로써, 농민들의 성장과 발전의 동기와 인센티브를 죽이는, 구조조정에 역행하는 방식으로 진행되었다.

결론적으로 지난 20여 년간의 구조조정 성과의 미흡은 바로 박정희 대통령의 성공 원리인 '신상필벌의 원칙에 따른 경제적 차별화 정책'을 포기했기 때문인 것이다. 물론 여기에는 민주화 이후 표를 의식한 정치권이 정치적 고려 때문에 경제정책을 정치적으로 오염시킨 데도 큰 원인이 있으나, 결국 모든 것은 정치리더십의 책임이라 해야 할 것이다.

3. 박정희 정책 패러다임 요약: 신상필벌의 경제적 차별화와 정치의 경제화

지금까지 논의한 박정희 경제정책 패러다임을 간략하게 요약해 본다.

신상필벌의 경제적 차별화 정책

'일반이론'의 관점에서 보면 박정희 산업혁명은 정부가 신상필벌의 원칙 하에 정부 주도로 '관치에 의한 경제적 차별화' 정책을 일관되게 추진한 것이 경제도약의 견인차 역할을 했다고 볼 수 있다.

정부는 경제제도(경기규칙, 유인구조)와 정책을 '스스로 도와 성공하는 국민에게 유리하게' 만들어 지속적으로 집행함으로써 국민들의 생각과 행동을 바꿔 모두를 스스로 돕는 자로 변신시킬 수 있었다. 경제적으로 좋은 성과를 우대 격려함으로써 국민들에게 경제발전의 동기를 부여하고, 경쟁을 촉진하여 시장의 경쟁 기능을 강화함으로써 경제발전에 기여하였다. 특히 경제적 차별화 원리에 따라 기업 육성 전략을 창의적으로 추진하여, 짧은 기간 동안에 중소기업을 대기업으로 성장시키고 중화학공업을 일으켰다.

박정희 대통령은 그의 집권기간 내내 '신상필벌'의 원칙을 경제 정책이나 인재 등용은 물론 사회정책에까지 적용하였다. 박정희 대통령은 바로 시장의 기능을 앞서 꿰뚫어보고 공적으로나 사적으로나 항상 "낮은 성과보다도 좋은 성과에 보상해야 한다"고 경제인들은 물론 국민들에게 강조하고 직접 실천하였다. 물론 이런 주장이나 원칙 고수가 정치적으로 인기가 없을 것임을 알면서도 이 원칙을 지켰다. 새마을운동의 경우에서 알 수 있듯이 국무위원들, 공화당 당직자들의 반대에도 불구하고 정치적 위험을 무릅쓰면서까지 '성과 있는 마을만 지원한다'는 원칙을 고수하였다.

정치의 경제화

한편 박정희 대통령은 민주정치의 포퓰리즘화가 과도한 경제평등주의와 균형발전 이념으로 흘러 시장의 신상필벌 기능을 와해시킬 수 있음을 간파하여, 항상 경제정책 결정에 정치의 영향을 차단하려고 노력하였음을 확인할 수 있다. 이와 같이 경제정책 결정에 정치적 영향력을 차단하는 전략을 오래전에 필자는 '정치의 경제화'라 명명한 바 있다.

예컨대 혁명 초기 정치적인 명분이 농후한 이유로 검거된 십수 명의 탈세 기업인들을 경제개발 참여와 추후 추징금 납부 조건으로 석방한 경제 우선의 실용적 결단이나, 이미 언급한 새마을운동의 지원 방식에 있어 정치적 이유로 균등지원을 주장한 국무회의와 정치권의 결정을 배격하고 철저하게 성과에 따른 차별적 지원을 결정한 사례 등이 그 예라 할 수 있다. 또한 5·16혁명의 배경 중 하나가 당시 민주정치의 국가운영 역량에 대한 뿌리 깊은 불신이었다는 사실도 잘 알려진 사실이다. 그리고 박정희 대통령은 또 한 번의 1인 1표 민주정치의 부정 사례인 유신체제를 선포함에 있어서도 그 비민주성을 인지하면서도 중화학공업화를 통해 경제를 도약시키고 국방력을 강화시키기 위해 '정치권의 영향력 배제가 불가피'함을 강조했었다는 증언들을 통해서 그의 '정치의 경제화' 의지를 읽을 수 있을 것이다.

박정희 대통령의 권위주의적 리더십이 비판받고 있으나, 바로 이 것이 경제적 차별화 정책의 정치적 왜곡을 막는 데 기여했음을 부정하기는 어려울 것이다. 그의 권위주의 리더십이 '높은 성과에 더 많은 보상'을 필요로 하는 경제적 차별화 원리를 '낮은 성과에 더 많은 보상'을 요구하는 평등주의적 포퓰리즘 정치로부터 방어하는 데 결정적인 도움이 되었다는 의미이다. 그래서 박정희 경제정책 패러다임을 **정치의 경제화를 통한 경제적 차별화 정책 패러다임**이라고 할 수 있다.

박정희 산업혁명의 이념적 바탕: 실사구시

여기서는 박정희 산업혁명을 뒷받침해 준 이념적 바탕에 대해 생각해 보고자 한다.

한국은 오랜 농경사회문화 속에서 형성된 사농공상의 직업적 계급이념 때문에 1960년대 말까지도 자본주의 경제로의 이행에 어려움을 겪고 있었다. 해방 후 제1공화국이 미국으로부터 선진 자본주의와 민주주의 제도를 직수입하여 사유재산권의 보호 하에 농지개혁, 교육개혁, 보통선거 제도를 실시하였다. 그러나 물론 6·25 전란의 영향도 있긴 했겠지만 한국의 농경사회는 1960년대까지도 여전히 잠자고 있었다. 전래의 '하늘만 쳐다보고 보릿고개마저도 하늘의 뜻이라 생각하는' 이념적 경로의존성 속에서 자본주의 시장경쟁의 논리는 쉽게 체화될 수 없었다.

근대화 산업혁명을 기치로 내걸고 출발한 박정희 정부는 수출을 통한 산업화 자금 확보와 동시에 유치산업 육성을 위해 상공업과 기업가들을 우대하고 과학자와 기술자들을 우대하는 철저한 자본주의 경제 친화적 제도와 정책을 추진하였다. 세금 탈루 기업인들을 경제발전에의 헌신과 추후 납부 조건으로 석방하여 기업가들의 산업보국 이념을 장려하고, 이공계 대학과 기술고등학교를 적극 육성하고, 해외 우수 한국인 과학자들을 적극 유치하였다. 전국경제인연합회(전경련)의 설립을 독려하여 우수 기업인들의 산업발전에의 참여를 이끌고, 한국과학기술연구소(KIST), 한국개발연구원(KDI)을 설립하여 과학기술과 경제정책 기술을 향상시키고, 문과 중심이었던 대학 정원을 이공계 중심으로 바꾸고, 공업고등학교 등 전국에 수많은 실업계 고등학교를 설립한 교육정책이 이를 입증하고 있다.

박정희 대통령은 철저한 실사구시적 이념의 소유자였다. 당시 전 세계를 풍미한 소위 균형발전이라는 경제발전론의 패러다임에 억매이지 않고 실사구시적으로 산업혁명을 위해 필요한 정책들을 추구하였다. 전후 세계는 당시 발흥하고 있던 사회주의 이념의 영향으로 경제발전론도 하나같이 이념적으로 접근하여 균형발전이 가능한지 여부와는 전혀 관계없이 너도나도 균형을 추구하였고, 그동안 성공사례가 거의 없음에도 이런 전통은 아직도 전 세계를 풍미하고 있다. 그러나 박정희 산업혁명은 수출진흥과 산업 육성으로 시작하여 궁극적으로는 새마을운동을 통해 수출과 내수, 공업과 농업, 도시와 농촌의 균형발전을 이뤘지만, 그 과정은 실사구시적인 실현 가능성과 경제적 우선순위에 입각한 철저한 경제적 접근이었다. 사회주의적 평등이나 균형 이념이 아니라 신상필벌의 경제적 차별화 원리의 실천을 통해 결국 세계 최고의 동반성장을 이뤘다. 오늘날 한국을 풍미하는 동반성장의 깃발 아래 사회주의 이념인 경제민주화를 주장하는 사람들이 한번쯤은 박정희 산업혁명을 음미해 봐야 할 까닭이 여기에 있다.

박정희 산업혁명은 사농공상의 직업적 계급이념을 타파하여 산업혁명에 필요한 실사구시적인 보다 평등한 직업이념을 창출함으로써 가능하였다. 5천 년 동안의 질곡인 사농공상의 계급적 천시 속에 짓눌렸던 과학자와 기술인, 기업인, 상공인 들의 창조성을 북돋아 깨워 냄으로써 당대는 물론 인류 역사상 최고의 동반성장과 창조경제라는 찬란한 금자탑을 쌓은 것이다.

4. 박정희 산업혁명의 이단성에 대한 평가

이제 경제발전의 '일반이론'과 박정희 패러다임의 성공 원리에 대한 이해를 바탕으로 박정희 산업혁명의 이단성에 대해 평가해 볼 필요가 있을 것이다.

그동안 한국 사회는 박정희 패러다임의 특성을 (1) 주류 경제학이 반대하는 정부 주도의 적극적 산업정책 추진, (2) 재벌에 대한 경제력 집중과 경제 불균형 초래, (3) 지역 불균형 초래, (4) 정치적 권위주의 등으로 규정하고, 박정희 패러다임을 이단적이라고 비판하고, 배우기보다 청산할 대상이라 폄하해 왔다.

그러나 이렇듯 자유시장 중심주의 이념이나 균형발전 이념, 현대 자유민주주의 이념 등에 비춰 이단적으로 보일지 모르나, 새로운 '일반이론'이나 이미 선진화된 나라들의 19세기 산업혁명기의 선례나 중국 등 오늘날의 떠오르는 신생 경제도약 국가들의 경우를 종합해서 볼 때, 박정희 산업혁명 혹은 한강의 기적은 전혀 특별하지도 않으며 예외적이지도 않다는 사실을 확인할 수 있다. 역사적으로 정부의 적극적인 산업 육성 정책 노력 없이, 중소기업의 대기업으로의 성장과 경제력 집중이 없이, 하향평준화된 전(前) 자본주의 농경사회보다 더한 소득 불평등과 지역 간 불균형 없이 경제적 도약을 이룬 사례는 거의 없다고 해도 과언이 아니다. 교과서적인 시장중심적 경제 패러다임만으로 성공한 국가는 사실상 존재하지 않는다.

그리고 정치경제체제와 관련해서도, 지금의 모든 선진국들은 산업혁명기 불완전한 민주제도와 경제적 자유 하에서 식민지와 노예 착취 제도를 바탕으로 경제도약에 성공했다. 반면 20세기 후반 이후 서구식 민주정치와 시장경제를 수입한 신생독립국들이나 체제 전환국들의 경우에는 아직도 가시적 경제도약을 이룬 예 또한 찾아보기 어렵다.

왜 한국은 물론 일본, 중국, 싱가포르 등 후발자로서 경제도약에 성공한 나라들은 모두 비슷하게 탈 교과서적, 이단적 방법과 결과로 성공해 왔는가? 그래서 한강의 기적을 이끈 박정희 패러다임은 교과서나 주류 이념에 비춰 이단적으로 보일지 모르나 '일반이론'의 관점이나 경험적으로 보면 오히려 더 보편적이라고 할 수 있다. 그동안 민주주의, 시장경제, 균형성장이라는 이념적 틀 속에 갇힌 주류 정치·경제 패러다임이 문제였을 가능성을 배제하기 어렵다고 생각한다.

이제 위의 '이단성'의 문제들과 관련해서 '일반이론'의 시사점을 좀 더 깊이 있게 반추해 볼 필요가 있다. '일반이론'의 관점에서 보면 박정희 패러다임의 이단성 문제는 다음과 같이 재해석되어야 한다.

우선 (1) '정부 주도의 산업정책' 문제는 산업 고도화를 위한 불가피한 정책으로, 이를 회피할 것이 아니라 경제적 차별화 원리에 따라 적극적으로 추진해야 하는 정책이다.

다음으로 (2) '불균형적 기업 성장과 대기업에의 경제력 집중' 문제는 기업 성장을 통한 자본주의 경제발전의 자연스런 결과이며, 그리고 (3) '지역 간 불균형 성장' 문제 또한 경제발전의 불가피한 과정으로서, 두 가지 모두 피할 수도 없고 피해서는 더더욱 안 되는 발전의 전제조건이다.

마지막으로 (4) '권위주의 정부'라는 정치문제와 관련해서는 경제적 차별화를 무력화시킬 수 있는 포퓰리즘 민주정치의 경제 개입을 차단하여 정치를 경제화하기 위한 권위주의는 경제발전의 전제조건임을 강하게 시사하고 있다.

06

한국경제 실패의 역사

박정희 청산과 저성장, 양극화

1. 경제의 정치화와 평등주의 정책 기조 고착

한국은 박정희 사후 1980년대 중·후반 이후, "개발연대는 비민주적 정치 하에 경제학적으로 이단적인 정책으로 성공했을 뿐만 아니라 소위 경제불균형을 심화시켰다"고 단정하고, 개발연대와 반대로 하는 것이 선진경제를 이루는 길이라 믿고 빠른 속도로 경제평등민주주의 정치경제체제로 이행하였다.

개발연대가 경제불균형을 심화시켰다는 주장은 앞에서 보인 대로 사실에 안 맞는 주장이지만, 대한민국 전체가 지금까지도 이를 사실인 것처럼 믿는 희한한 일이 그동안 벌어지고 있는 것이다. '경제적 도약에는 성공했으나 자원배분의 왜곡이 심했다'는 식의 인식이 보편적인데,[1] 그럼 자원배분의 왜곡 속에 어떻게 경제적 기적이 가능했는가 하는 반문은 없어 보인다. 한국은 물론 세계 경제학계가 풀어야 할 난제가 아닌가 생각한다.

제5공화국 정부의 **정의사회 구현**에서부터 시작된 반(反) 박정희 식 경제정책으로 정치민주화가 진전되면서, 경제는 급속도로 정치화되고 신상필벌의 경제적 차별화 시장원리에 반하는 평등주의 경제정책체제가 보편화되기 시작하였다. 이제 경제, 사회 제도는 사회정의와 균형발전이라는 이념적 깃발 하에 성과를 오히려 역차별하거나 폄하하는 반 신상필벌의 역차별 인센티브 구조로 빠르게 바뀌기 시작하였다. 구체적으로는 성장하는 대기업에 대한 무조건적 규제, 중소기업에 대한 신상필벌에 역행하는 평등지원, 수도권 규제, 전투적 노조의 등장, 중등교육 평준화, 심지어 대학 평준화, 지역균형 발전과 행정수도 이전 등, 성과와 수월성을 폄하하는 경제사회적 평등주의 정책들이 봇물을 이루게 되었다.

필자는 1980년대 중·후반 이후의 경제정책 패러다임을 박정희 산업혁명 시대와는 반대로 **경제의 정치화**와 반 신상필벌의 **경제평등주의** 정책체제라 불러 왔다. 구체적으로 반 박정희, 평등주의 경제정책의 주요 사례들을 열거하면 다음과 같다.

---

1 국책연구원인 KDI의 보고서들조차 이런 인식을 담고 있다. Sakong and Koh (2010) 참조.

대기업이 되면 무조건 규제를 받아 이제 성공이 오히려 더 부담이 되는 획일적 대기업 규제 정책(수출 대기업 투자의 해외 탈출로 내·외수, 대·중소기업, 제조업·서비스업 간의 양극화와 좋은 일자리의 해외 유출을 초래)

중소기업이면 잘하나 못하나 꼭 같이 지원하여, 못하는 중소기업은 더 우대하고 잘하는 중소기업은 역차별하여 모두 성장을 기피하게 하는 중소기업 하향평준화를 조장하는 반 차별화 중기 지원 정책

열심히 하는 농민을 역차별하여 농업 하향평준화를 조장하는 새마을운동 정신에 역행하는 반 차별화, 평등주의적 농업 지원 정책

수도권을 역차별하는 수도권 규제와, 모든 지방을 평등하게 지원함으로써 역량 있는 지역을 사실상 역차별하여 모든 지역을 하향평준화시키는 지역균형 발전정책

공부 열심히 하는 학생과 학교를 역차별하는 평준화 교육으로 오히려 스스로 도와 노력하는 인재들의 등장을 막아 가난의 대물림을 고착화시키는 평준화 교육정책

노조를 무소불위의 권력으로 키워, 국내투자 공동화를 조장하고 기업의 정규직 기피를 초래하여 비정규직 양산을 조장해 온 경영민주화 정책

2. 경제 역동성 하락과 저성장 추세의 고착

신상필벌에 충실해야 할 경제정책들이 모두 n분의 1 평등지원 정

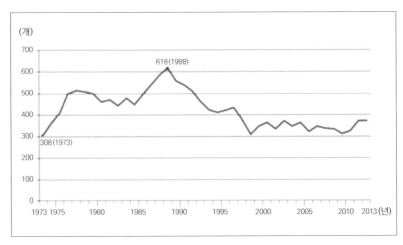

그림 5 중견기업(300~499인) 수 추이(1973~2013)

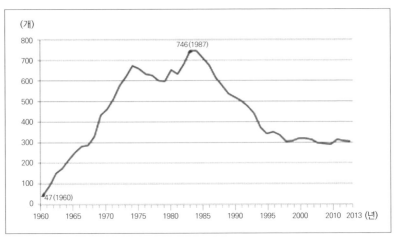

그림 6 대기업(광공업 사업체, 500인 이상 고용) 수 추이(1960~2013)

책으로 변질되고, 성과를 경시하는 민주적 평등 이념에 경도된 보상 체계가 전 사회를 풍미하면서, 역동적이던 한국 사회의 성장 유인은

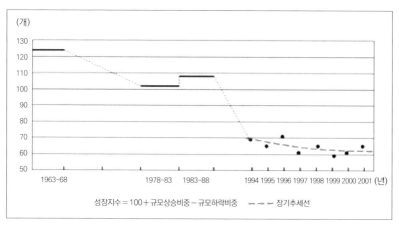

성장지수 = 100 + 규모상승비중 − 규모하락비중   — — — 장기추세선

그림 7 하락하는 중소기업의 성장지수(1963~2001)
이상 좌승희(2006: 297)

점차 사라지게 되었다. 특히 흥미로운 것은 대기업 규제와 중소기업 보호육성 정책으로 균형된 기업 생태계를 추구해 왔지만, 결과는 1980년대 후반 이후 대기업의 숫자가 급격히 축소되었을 뿐만 아니라 중소기업도 성장지수(100+[규모 상승 중소기업 비중]−[규모 하락 중소기업 비중])가 급격히 100 이하로 떨어져 중소기업의 성장 유인마저도 급격히 사라지면서 전체 기업 생태계의 하향평준화가 심화되어 왔다는 점이다(그림 5~7 참조).

기업의 성장 유인이 사라진 경제가 창발할 수 없다는 것은 바로 '일반이론'의 핵심 명제이다. 이 결과가 바로 앞의 **그림 2**의 경제성장 둔화로 나타난 것이다. 기업과 전체 경제의 성장 둔화 문제는 다음 절에서 더 상세히 논할 것이다.

3. 동반성장의 선순환 구조 실종과 각종 양극화의 심화

한편 1990년대 이후에는 수출 지원은 어느 정도 지속되었지만 균형발전과 경제민주화라는 이념 하에 대기업 규제가 강화되고 수도권 규제가 도입되고 전투적 노조활동이 일상화되면서 국내투자 환경이 급속도로 악화되기 시작하였다.

이에 따라 수출 제조 대기업들이 국내투자를 기피하게 되고 수출수익이 과도하게 해외투자로 유출되면서 수출 지원으로 희생된 내수는 회복의 기회를 잃게 되었다. 이로 인해 일자리 창출이 잘 안 되어 중산층이 감소하고, 중소기업과 내수, 서비스업 등의 수요가 정체되면서, 내·외수, 대·중소기업, 제조업·서비스업 간의 양극화라는 악순환 구조가 고착되게 된다. 이제 수출은 늘어도 내수 투자가 늘 수 없으니 양극화는 불가피해진 것이다. 박정희 시대의 수출 주도 동반성장의 선순환 구조가 실종되게 된 것이다. 지난 30년 가까운 기간 동안은 수출을 지원해서 외국의 일자리만 늘려 온 셈이니 수출 지원 정책의 명분마저 의심스럽게 되었다. 결국 이는 '경제력 집중을 해소하여 기업 생태계를 균형발전시킨다'는 평등민주주의의 대기업 규제 정책 패러다임이 빚은 결과이다.

개발연대 이후 30년 동안 수월성 역차별 인센티브 구조 속에서 성장의 유인을 잃은 한국경제는 이제 원치도 목적하지도 않았던 반(反) 동반성장의 장기 성장 정체와 양극화로 몸살을 앓고 있다(그림 2,

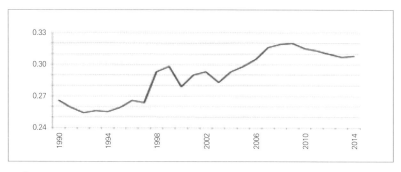

그림 8 1990년대 이후 도시가구 지니계수 추이
통계청

8 참조). 현재의 반 차별화 인센티브 구조를 그냥 유지한다면 조만
간 제로 성장은 피할 길이 없을 것이다(그림 2 참조). 한국은 이미 거
의 30년 전부터 일본의 '잃어버린 20년'의 궤적을 따라가기 시작한
셈이다. 오늘날의 잠재성장률이 과거 1950년대 수준에도 못 미치고
있음에 주목할 필요가 있다.

4. 한국경제 저성장 구조의 새로운 이해

'일반이론'은 자본주의 경제는 '기업경제'라 하는 것이 마땅하다
했다. 이런 관점에서 한국경제를 읽는다면 지난 30년 동안 잠재성장
률이 지속적으로 추락해 온 현상을 어떻게 해석해야 할까?
자본 축적이나 인적 자본 확충이나 기술혁신이 과거 개발연대보다 못해서 그렇다고 할 수 있을까? 자본 조달의 용이성이 크게 신장되고 교육 투자의 증가로 교육 수준이 획기적으로 증가되는 등 그동안 물적, 인적 자본의 확충이라는 생산요소 측면의 성장은 괄목할 만하지 않았던가.

그럼 총요소생산성(TFP)의 증가가 미흡해서인가? 국내 여러 연구에 의하면 1990년대 이후 총요소생산성의 증가가 하락하는 것으로 추정되기 때문에 이 질문에 대해 그렇다고 답할 수밖에 없을 것이다. 그러나 TFP의 추정이야말로 총생산 중에서 생산요소로 설명하지 못하는 나머지 오차 모두를 총요소생산성 증가의 결과라고 보는 견강부회식 논리에 기초하고 있기 때문에 어떤 이유로든 자본과 노동에 의한 설명력이 떨어져, 모형추정의 오차가 커질수록 총요소생산성 효과는 커지는 결과를 가져온다. 이것이 총요소생산성 추정치를 크게 신뢰하기가 어려운 이유이다. 더구나 그동안 과학기술과 연구개발(R&D) 투자가 GDP 대비 거의 세계 제일의 수준이라 하는데 오히려 총요소생산성은 낮아졌다고 하니, 정말 어디에 문제가 있는 것일까?

전통적인 생산함수 모형은 자본, 노동, 기술이 주어지면 시장이 생산한다는 세계관을 반영한다. 그래서 이 모형은 '시장생산함수'라 부르는 것이 합당하다. 그러나 이는 전형적인 환원주의적 사고로 생산 주체인 기업을 각 요소로 분해하여 그 시너지 창출 기능을 제거한 모형이다. 생산의 주체인 기업은 없고 요소만 있으니 기업이라는 사회적 기술의 창발 기능을 찾을 길이 없게 된다.

그러나 기업경제 관점은 전일적인 복잡계 관점으로, 기업은 모든 생산요소들을 조합하여 그 선형적 합보다 질적으로 더 큰 질서를 창출하는 장치이며, 거의 같은 요소들을 가지고도 전혀 다른 질서를 만들어 내는 기업들이 존재할 수 있는 창발의 주체로 본다. 이런 관점에서 보면 생산함수는 개별 요소가 아니라 기업이 보유하는 생산적 자원의 총합의 함수로 보는 것이 합리적이다. 이 모형은 시장생산함수에 대비하여 '기업생산함수'라 할 수 있다. 이런 관점에서 보면 GDP는 기업이 보유하는 총 생산적 자원의 함수라고 할 수 있다.

이 접근의 또 다른 이점은 시장생산함수의 경우 부딪치는, 케임브리지 자본논쟁이 시사하는 바와 같은 자본이라는 생산요소의 측정 문제를 회피할 수 있다.[2] 시장생산함수가 부딪치는 자본의 측정은 물론 노동이나 인적 자원, 기술혁신 수준의 측정과 같은 난제를 다 회피할 수 있다. 기업이 보유하는 이들 자원의 총체적 합이 바로 대차대조표 상의 총자산으로 표현되기 때문에 이 총자산을 설명변수로 할 경우 '기업생산성'을 즉각 추정할 수 있다.

졸저(Jwa 2016; 좌승희·이태규 2016)의 세계 기업생산함수의 추정

---

2 1960년대 영국 케임브리지 대학의 마르크스 경제학파와 미국의 케임브리지에 있는 MIT 대학의 신고전파 경제학자들 간의 자본의 실제 가측성(可測性, measurability)에 대한 찬반 논쟁을 말한다. 전자는 불가능하다 하고 후자는 가능하다 주장했는데 논쟁은 전자의 승리로 끝났다. 이 결과는 자본을 설명변수로 하는 생산함수 접근법은 순환론이기 때문에 옳지 않음을 의미하지만, 대안이 없는 신고전파는 그냥 생산함수 접근법에 의존하고 있다. 이에 대해서는 좌승희(1975) 및 Wikipedia, 'Cambridge Capital Controversy' 참조.

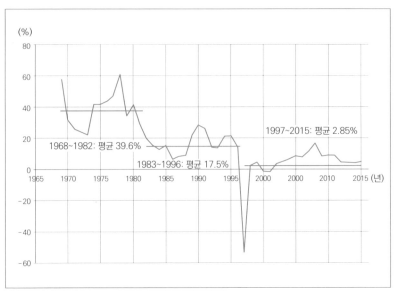

그림 9 1인당 기업자산 증가율(1969~2015)*

* 작성 방법은 좌승희·이병욱(2016) 참조

결과에 의하면, 10퍼센트의 1인당 기업자산 증가는 추정방법에 따라 다르긴 하지만 대체로 4~6퍼센트의 일인당 GDP 증가를 가져옴과 동시에 0.15의 소득 GINI의 감소를 가져오는 것으로 추정되었다. 한국에 대한 시계열 분석 결과(좌승희·이병욱 2016)에 의하면 한국은 기업생산성이 세계 평균보다 높아 GDP의 기업자산에 대한 탄력성은 거의 1에 가까운 것으로 추정된다. 1퍼센트의 1인당 기업자산 증가가 1퍼센트의 1인당 GDP 증가를 가져온다는 의미이다. 그림 9에 의하면 한국은 지난 30년간 기업자산 증가율이 지속적으로 하락하여 최근 2~3퍼센트대로 추락하고 있는 것으로 확인되는데, 바로 이것이 그동안 한국경제의 장기 성장잠재력 하락을 조장한 원인이라 할 수 있다.

왜 그럼 기업자산 증가율이 그렇게 장기 정체를 보여 왔는가에 대해서는, 앞에서 이미 '평등주의 기업정책 패러다임'이 그 원인임을 언급했기 때문에 더 이상 장황한 설명이 필요 없을 것이다. 다만, 지난 30년의 균형발전과 경제민주화 정책 패러다임이 박정희 산업혁명기와는 정반대로 기업 성장의 유인을 차단하여 앉은뱅이 기업 생태계를 조장하는, '성장보다는 현실 안주가 더 유리한' 인센티브 구조를 고착화시켰음을 지적하지 않을 수 없다. 오늘날 한국 기업 생태계의 경제제도, 즉 경기규칙은 어떤 창의적인 기업가가 도전해도 난공불락인 성장의 벽이다.

5. 사농공상의 반反 실사구시 이념의 재림

오늘날 한국 사회는 국회의원 같은 정치인이나 관료라는 권력자가 되어 그동안 소위 '을'로서 맺힌 한과 설움을 풀고 모든 사람 위에 군림하고자 하는 사람들과, 이들에 줄을 서서 더 큰 기득권층을 구성하는 거대한 지식인 사회까지 모두 비생산적 지대추구에 몰두하는 사회가 되었다. 박정희 산업혁명기를 거치면서 그동안 잠깐 가라앉았던 사농공상의 계급 이념이 급속도로 재생되고 있는 것이다. 어디를 가도 정치인이 갑이요, 관료나 전직 관료가 갑인 사회가 되었다. 그래서 너도나도 이 대열에 끼고자 줄을 서고 있다. 이 사회에서 자조(自助)하여 부가가치를 창출하고 세금을 납부하는 사람은 점차 2등, 3등 국민이 되어 가고 있다.

개발연대 이후 한국은 '박정희 시대 청산'이라는 이름 하에 대기업들을 단지 크다는 이유만으로 특별규제하고 중소기업들은 작다는 이유만으로 무조건 획일적으로 지원하여, 오히려 성장하는 기업과 기업인들을 역차별함으로써 앉은뱅이 기업 생태계를 만들어 내었다. 과학기술교육과 실업교육을 경시하여 이제 대학의 문과가 절반 이상의 정원을 점하여 과잉공급 문제에 봉착하고, 실업교육은 거의 몰락하였다. 자칭 지식인이라는 정치인들과 관료 사회는 법과 정책으로 기업(가)과 과학·기술자들 위에 군림하고 있으며, 사회는 과학기술인과 기업가들보다도 정치인, 관료와 훈고학자(訓詁學者) 등, 창조와는 거리가 멀고 부의 창출이 아니라 소비에 몰두하는 비생산적 계급을 더 우대하는 사회로 바뀌었다. 젊은이들이 공무원시험에 줄을 설 수밖에 없고 너도나도 정치권과 관(官)에 줄을 서는 이 시대가 조선조의 몰락을 가져온 사농공상의 계급사회로 되돌아가고 있다는 주장에 누가 반론을 제기할 수 있을까.

기업을 일으키고 대기업으로 성장시키는 것이 국가 번영에 기여하는 일일 뿐만 아니라 가문의 영광이 되는 실사구시적 국부 창출의 사회이념이 확고해지도록 국가가 제도적, 정책적 뒷받침을 해야 젊은이들의 창업, 중소기업의 성장, 대기업의 세계적 기업으로의 도약과 일자리 창출을 통해 동반성장을 재현해 낼 수 있다. 성공하는 기업과 기업인을 폄하하는 데 혈안이면서 성장 의욕에 충만한 기업가와 기업이 활개 치는 선진 한국경제를 기대하는 것은 연목구어에 불과하다.

07

동반성장 회복을 위한 국가개조의 길

박정희 동반성장의 교훈[1]

1. 정치개혁: 정치의 경제화 시급하다

경제 사다리와 정치 사다리를 구별할 수 있어야

동반성장을 위한 정치개혁 과제는 무엇인가?

이 질문은 결국 어떻게 정치가 경제발전의 작동 원리인 '신상필벌의 경제적 차별화' 기능을 훼손하지 않게 할 것인가 하는 질문으로 귀결되게 된다. 이 질문에 답하기 위해서는 경제와 민주정치의 속성의 차이를 이해할 필요가 있다.

---

[1] 이 장의 내용은 좌승희(2012, 2015, 2015a)를 일부 수정 전재하면서 확대 보완한 것이다.

이미 논한 대로 성과에 따른 경제적 차별화가 경제발전의 전제조건이기 때문에, 발전을 위한 경제적 인센티브의 사다리는 수직으로 서 있어야 발전의 동기를 살려 낼 수 있다. 반면, 자유와 평등의 양 바퀴로 굴러가는 민주정치는 사다리를 눕혀 정치적으로 평등한 사회를 지향하려 한다. 이 이상이 가장 잘 표현되는 것이 1인 1표의 선거제도이다.

그런데 이러한 민주정치는 바로 그 1인 1표 제도 때문에 포퓰리즘화되면서 정치적 평등을 넘어 경제적 평등주의를 추구함으로써 경제 사다리를 눕히려 한다는 것이 역사적 경험이다. 따라서 경제 번영을 위한 민주정치 개혁의 요체는 정치적 평등의 사다리를 추구하는 정치가 세워져 있어야 할 경제 사다리를 눕히지 않도록 방지하는 데 있다. 바로 정치의 경제화가 필요한 것이다.

민주주의와 시장경제는 친구가 되기 어렵다

오늘날 전 세계에 정도의 차이는 있지만 북한 등 일부 나라를 제외하고 '민주주의와 시장경제'라는 정치경제체제를 선택하지 않는 나라는 없다. 그러나 경제는 거의 모든 나라가 예외 없이 저성장과 분배 악화라는 어려운 상황에 처해 있다. 전후 60여 년의 세계 정치경제 발전사를 되돌아보면 민주주의 정치와 시장경제는 원리 상은 물론 경험 상으로도 서로 조화를 이루기가 어려운 체제임을 부인하기가 어렵다.

　시장경제란 원리 상 경제적 차별과 차등, 불평등을 그 바탕으로 한다. 우리 모두는 소비자로서 제한된 구매력을 가지고 내가 가장 원하는 재화만을 구매하고, 가장 훌륭한 사업 파트너와만 협력하고, 은행은 사업능력이 있는 개인과 기업에게만 신용을 주고, 주식투자자들은 성공하는 기업의 주식에만 투자하려 하고, 기업들은 가장 우수한 인재만을 구하고, 인재들은 모두 좋은 기업에만 가려 한다. 이런 차별적 선택 과정이 시장 참여자들을 동기부여하여 보다 열심히 자신의 성장과 발전에 노력하게 하는 힘이 된다. 이것이 바로 신상필벌을 통한 시장의 경제발전 기능이다.

　따라서 이와는 반대로, 정부가 나서서 시장에서 우리 모두가 만들어 내는 경제적 차별과 차등을 없애려 규제하면 시장의 차별적 선택 기능과 동기부여 기능은 사라지고 성장과 발전은 멈추고 모두 가난해질 수밖에 없다. 예컨대 정부가 어느 날 국민 모두에게, 앞으로 모두 평등하고 행복한 나라를 보장하겠다고 약속하면 어떤 일이 벌어질까? 어느 국민이 자기 실패를 자기 탓이라 할 것이며, 어느 국민이 잘살아 보겠다고 땀 흘려 노력할 것이며, 어느 기업이 다 살려 준다는데 애를 써서 혁신하려 할 것인가.

　그런데 경제학은 시장을 마치 경제문제를 풀어 내는 무슨 전지전능한 신(神)처럼 그리고 있는데, 사실 시장은 우리가 선택하고 만들어 내는 것이다. 시장은 국가가 만들어 내는 각종의 시장거래 제도라는 경기규칙 하에 작동하는 장치이다. 어떤 규칙을 만들어 내느냐에 따라 그 작동 방식이 다른 것이다. 같이 축구라고 부르지만 미식축구 규칙 하에서는 손으로 공을 들고 달리는데 축구 규칙 하에서는 반칙이 되는 것과 같다. 우리의 차별적 선택 기능을 무력화시키는 사회주의식 시장규칙을 만들어 내면 모두 꼼짝 않고 정부의 배급만 바라보다 모두 망하는 경제가 되고, 자본주의식 시장경제도 선택의 자유를 제한하고 마음껏 경쟁을 못 하게 하는 규칙을 만들어 내면 경제의 성장발전의 유인과 역동성은 사라지고 점차 모두 가난해지게 되는 법이다.

그런데 민주정치가 도입되어 우리 모두에게 1인 1표 방식에 의해 시장규칙을 결정하게 허용하면 어떤 일이 생길까? 역사를 통해서 보면 국민들에게, 혹은 다수에게 경제적 자원의 배분권이 주어지면 십중팔구는 평등하게 나누는 경제를 지향하는 속성을 보여 왔다. 정도의 차이는 있지만 경제적 평등을 추구해 온 사회주의 체제도, 사회주의 이념을 지향하는 사회민주주의 체제도 수정자본주의도 복지국가도, 모두 국민들의 소위 민주적 선택 결과이다. 시장규칙을 결정할 자유가 주어지면 모두가, 성장과 발전의 전제조건이라 할 수 있는 시장의 경제적 차별화 기능에 역행하는 평등한 배분제도를 만들어 내는 것이다.

1인 1표의 평등한 권리 하에 시장제도를 만드는 민주정치는 대부분 경제적 성과에 따라 그 영향력과 보상이 결정되어야 하는 시장의 경제발전 원리를 무력화시키는 방향으로 제도를 만들어 내는 것이 보편적 현상이다. 이것이 그동안 전 세계가 열심히 민주주의와 시장경제 체제를 지향해 왔음에도 거의 모든 나라가 저성장과 양극화를 못 벗어나는 이유이다. 시장에서는 대기업의 좋은 물건만을 사서 재벌들을 도와주면서도 공적으로는 약자를 앞세우고 우선지원해야 한다고 소위 경제민주화라는 사회주의적 시장 경기규칙을 만들어 내는 정치인, 지식인들이 바로 이런 이론과 역사의 산 증인들이다.

1인 1표 민주정치는 역량 있는 경제주체를 역차별하는 시장 경기규칙을 만들어 내어 경제의 성장발전을 저해하는 경향이 농후하다. 그러나 박정희 대통령의 한강의 기적은 바로 이런 민주정치의 약점을 차단하여 신상필벌의 시장 기능을 정책적으로 실천함으로써, 즉 정치를 경제화함으로써 가능하였다.

정치개혁의 요체: 신상필벌에 역행하는 경제법 제정 금지해야

오늘날 한국을 포함한 전 세계의 경제정체와 경제불평등의 원인은 바로 경제 사다리를 눕힘으로써 열심히 노력하는 국민들에 대한 보상이 충분치 못한 경제사회제도를 정착시켜 온 데 있다. 정도의 차이가 있지만 지난 50~60년간 인류는 사회민주주의를 통해 사회주의를 지향해 왔으며 그 결과가 저성장과 하향평준화를 통한 경제 양극화임은 이미 앞에서 지적한 대로이다. 똑바로 서 있어야 할 경제 사다리가 눕혀 있었던 것이다. 경제평등주의로 성장과 발전의 유인이 사라진 사회는 백약이 무효이며 그 결과는 저성장·양극화이다.

따라서 자유롭고 평등한 시민권이 확보된 민주주의 정치 하에서 가장 중요한 정치개혁의 과제는 경제민주화 등과 같은 평등주의적 경제정책의 양산을 차단하는 문제이다. 이것이 경제번영의 전제가 된다. 경제의 사다리를 똑바로 세우는 일이 국가가 해야 할 일이며 이를 위한 정치제도적 장치를 마련하는 것이 정치개혁의 요체이다. 향후 세계경제의 패권은 바로 이 작업을 제대로 하느냐 못 하느냐에 달려 있다. 중국은 서구식 민주주의를 거부하고 있는데 이는 서구 민주주의의 경제적 실패를 반면교사 삼고 있기 때문인 것이다.

정치학계나 정치권은 권력구조가 마치 정치개혁의 핵심인 양 주장하지만, 이는 일의적으로 경제적 성공과 실패에 영향을 미친다고 할 수 없다. 독재냐 민주주의냐도, 내각제냐 대통령제냐도, 운영하기에 따라 혹은 지도자에 따라 성공하기도 실패하기도 한다. 특정 권력구조가 경제 사다리를 눕히는 포퓰리즘 방지를 보장하지는 못한다.

한편 국회의원들의 부당한 특권을 내려놓도록 제도화하는 것도 중요하지만, 이것 또한 경제 사다리 눕히기를 방지하는 데는 크게 기여하기 어려울 것이다.

최근 신제도경제학이 인기를 얻으면서 정책 결정과 집행을 효과적으로 하기 위한 정부의 거버넌스 시스템의 중요성이 부각되고 있다. 그러나 이 경우도 이미 방향이 정해진 사안에 대한 효과적인 의사 결정과 집행에 관심이 있을 뿐이지 어떤 내용의 정책이 발전 친화적이냐 하는 보다 본질적인 문제는 다루지 못하고 있다. 정치의 경제화를 위한 거버넌스 시스템이 요청되는 것이다.

즉, 정치개혁의 핵심은 국회는 물론 행정부의 경제제도 결정 기능을 제한하여 경제 사다리를 보호하는 데 있다고 할 수 있다. 국회의 입법 기능과 행정부의 정책 기능 중에 '신상필벌'에 역행하는 내용의 경제법이나 규칙을 제정하는 것을 방지할 수 있는 안전장치를 마련하는 것이 번영하는 민주주의와 자본주의 경제를 담보하는 길이 될 것이다. 이것이 바로 민주주의의 장점을 적극 수용하되 그 단점을 고쳐 정치와 경제의 상생적 시너지를 창출할 수 있는 길이다.

3권으로부터 독립된 제4부 '경제번영부' 신설을 제안한다

오늘날 민주정치 체제의 보편적 정부조직은 행정, 입법, 사법의 3부(府)를 표본으로 하고 있다. 필자는 행정부에서 분리하여 경제만을 다루는 '경제번영부(약칭 경제부)'를 제4부로 신설하는 방안을 제안하고자 한다. 행정부와 입법부는 비경제문제만을 다루고 국민경제 운영은 경제부가 담당하도록 하여 경제의 정치화를 막도록 하자는 생각이다.

이 제4부는 대통령은 물론 국회로부터도 독립적인, 지금의 사법부와 맞먹는 지위를 갖도록 하여, 경제번영의 근본 원리인 '신상필벌의 차별화 시장원리'를 구현하는 책임을 지도록 하자는 것이다. 지금의 한국은행과 유사하지만 보다 상위기관으로서 더 독립성과 권한이 강화된 정부기관이어야 한다. 국회의 입법 기능 중 경제 관련 입법을 금지하되 주요 경제운영의 원칙을 헌법과 특별법에 담아 이를 바탕으로 경제부가 정치로부터 독립하여 국민경제를 운영하도록 할 수 있을 것이다. '경제'에 해당하는 사안을 정의하고 일반행정으로부터 분리하는 일이 지난한 일일 수는 있지만, 민주주의 정치의 맹점을 시정한다는 시각에서 보면 논의를 활성화해 봄직한 일이라고 생각한다.

오늘날의 정부조직에 대한 통념으로는 받아들이기 어렵겠지만, 경제 자체의 중요성을 생각하면 선제적으로 이런 방향의 개혁을 하는 국가가 아마도 미래문명의 선도자가 될 수 있으리라 생각한다.

2. 공공정책 기능의 정상화: 경제발전 정책을 살려 내고 사회정책도 발전정책 기능을 강화해야

정부의 공공정책은 크게 두 가지로 분류할 수 있다. 하나는 경제(발전)정책, 다른 하나는 사회정책이다.

그동안 경제학의 상식은 경제정책을 경제 성장발전을 위한 정책으로, 사회정책은 저소득계층에 대한 복지정책이나 보편교육 정책 등 소위 사회적 약자들의 경제사회적 역량 강화를 위한 정책으로 분류해 왔으며, 이에 따라 경제정책은 경제적 효율을 강조해 온 반면 사회정책은 사회적 형평을 강조하여 왔다. 본서의 관점에서 보면, 경제정책은 신상필벌의 경제적 차별화 원리에 따라 성과에 기초해서 차별적으로, 사회정책은 평등주의적 관점에서 n분의 1로 공평하게 공공자원을 배분하는 방향으로 운영되어야 한다는 논리가 상식이었다고 할 수 있다.

그러나 지난 60년의 평등민주주의 추세 속에서 얻은 경험과 교훈은, 과도한 사회정책적 지출이 지속가능하지 않을 뿐만 아니라 심지어 경제정책마저도 형평의 논리에 따라 집행됨으로써 경제정책마저도 사회정책화되어 성장의 지체와 불평등의 심화까지 초래함으로써 정치경제체제 자체의 지속가능성이 위협받게 되었다는 점이다.

한국도 크게 다르지 않았다. 지난 1980년대 말 정치민주화 이후 사회정책이 강화됨과 동시에 경제정책은 과거의 차별적 지원정책이 소위 경제불평등을 초래했다는 이유로 급속도로 사회정책화되었다. 개발연대 이후 중소기업 육성 정책, 김대중 정부의 벤처 육성 정책, 노무현 정부의 10대 동력산업 육성 정책, 이명박 정부의 녹색성장 정책 등의 산업정책들이 모두 신상필벌의 차별화 원리와는 거리가 있는 형평과 균형의 이념에 따라 지원됨으로써 급속도로 정치화되면서 사회정책화되어 큰 성과를 내지 못하였다. 이런 추세는 물론 정치민주화에 따라 표를 의식한 정치권과 정부가 민주적 평등과 형평, 균형의 이념을 명분으로 내세워 경제정책을 왜곡 변질시킨 결과라 할 것이다.

본서의 관점에서 보면 이제 두 가지 시급한 개혁이 필요하다고 할 수 있다.

우선 경제정책을 제자리로 돌려놓아야 한다. 정치화되어 사회정책으로 변질된 중소기업 지원정책, 산업정책, 지역개발 정책 등 경제발전정책을 철저하게 지원 성과에 따른 차별적 지원정책으로 정상화시켜 경제 내의 성장 유인을 살려 내야 한다. 나아가 사회정책도 그동안 형평, 평등만에 기초한 n분의 1 지원, 배분 정책이 도덕적 해이를 초래하여 오히려 실패하는 국민들을 양신히고 재정적인 지속가능성을 상실해 온 선진국은 물론 우리의 경험을 살려, 인센티브를 차별화한 지원정책으로 개혁해야 한다. 사회정책도 인센티브를 지원 성과에 연동함으로써 경제발전정책화할 수 있었던 한국의 새마을운동을 거울 삼아 인센티브를 차별화함으로써 그 지속가능성을 높일 수 있다.

선·후진국을 막론하고 민주주의 이념인 평등을 실현하다고 무차별적으로 도입 강화되고 있는 소위 형평 논리에 기초한 취약계층의 사회역량 강화정책(social empowerment policy)도 인센티브가 차별화된 지원정책을 통해 사회정책은 물론 경제발전정책으로서의 일석이조의 역할을 할 수 있다. 이것이 아마도 신상필벌의 차별화 원리에 기초한 경제발전의 '일반이론'의 유용한 시사점 중의 하나라고 생각한다. 물론 한국의 개발연대 한강의 기적도 바로 이 원리의 실천 결과이다.

이하에서는 정부 공공정책의 이러한 새로운 기조에 따라 한국의 주요 현안 정책들의 개혁 방향을 간략히 제시하고자 한다.

성과에 따른 인센티브 차별화와 경쟁 없이 창조경제 없다

자본주의 경제는 복잡계의 창발, 즉 창조를 바탕으로 하는 경제다. 창조는 무엇보다도 수월성 추구에서 나온다. 따라서 정책 성공의 요체는 어떻게 관련 분야에 수월성 추구의 동기를 극대화할 것이냐이다.

답은 물론 성과에 따른 신상필벌의 차별화 전략에 있다. 따라서 창조경제의 전제는 성과에 따른 인센티브의 차별화와 이를 통한 동기부여와 경쟁 촉진에 있다. 신상필벌의 경제적 차별화 원리가 모든 산업정책에 적용되어야 하며 창업 기업이든 기존 기업이든 기업 지원은 물론 대학의 교육과 연구 지원, 과학과 R&D 분야 지원, 소프트웨어 부문 지원에까지 적용, 강화되어야 한다. 이를 통해 이들 모든 분야가 그동안 수월성 추구 유인을 죽여 온 평등지원과 평등배분

제도와 이념에서 벗어나 수월성을 추구하는 새로운 진취적 창조동기로 충만해야 창조경제의 성공이 가능할 것이다.

나아가 창조경제 육성정책이야말로 바로 기업육성 정책임을 올바로 이해하는 것이 중요하다. 아무리 훌륭한 창조적 아이디어와 과학적 발견이라도 이를 부가가치로 전환할 수 있는 창조적 기업이 없으면 무용지물이 된다는 사실을 명심해야 한다. 개발연대야말로 성공적인 기업육성 정책을 통해 창조경제가 꽃핀 시대였음을 잊어서는 안 된다. 세계적으로도 몇 안 되는 성공사례인, 모두가 실패한다고 했던 수입대체·유치산업 보호육성 정책인 중화학공업화의 성공도 바로 성과에 따른 엄격한 차별적 기업 지원정책의 결과였음을 이해할 필요가 있다. 엄격한 신상필벌의 차별적 지원정책을 통해 농경사회 마차경제에서 자동차경제까지 창조경제를 일으킨 개발연대 창조경제에서 배워야 한다. 이제 비행기, 우주선 창조경제로의 창발 또한 같은 원리를 따라야 가능하다는 사실을 잊어서는 안 될 것이다. 개발연대 박정희 산업혁명은 그래서 아직도 진행형인 살아 있는 창조경제학이다(좌승희 2015 참조).

기업정책 개혁 과제

① 기업 성장 없이 동반성장 없다

필자는 최근 세계 70여 개국에 대해 지난 8년여 동안에 걸친 '기업의 성장과 동반성장 간의 관계'를 연구할 기회를 가졌다. 결과는 흥미롭게도, 1인당 기업의 평균자산 규모가 10퍼센트 성장하면 대체로 1인당 소득이 6퍼센트 성장하고, 소득분배를 측정하는 소득지니계수(1과 0 사이의 지수로, 낮을수록 소득분배가 개선된다)가 0.16 감소하는 것으로 나타났다(Jwa 2017). 기업의 성장이 포용적인 동반성장을 가져온다는 결과이다. 오늘날 한국 사회의 통념은 대기업 때문에 불평등이 심화되고 중소기업이 더 많아져야 동반성장이 되는 것처럼 생각하고 있는데, 이 결과는 정반대이다.

그럼 어떻게, 왜 이런 사실에 안 맞는 잘못된 통념이 형성된 것일까? 답은 경제학이 그동안 경제발전에서 기업의 역할을 제대로 이해하지 못한 때문이다.

마르크스로 대표되는 좌파 경제학은 현대적 기업을 자본과 노동의 계급투쟁의 현장으로 묘사함으로써 자본주의 불평등의 원천이라고 주장하고 있다. 기업이 가져오는 자본주의 성장 역할이 완전히 무시되었을 뿐만 아니라, 기업이 없어져야 평등한 경제가 된다며 기업의 국유화를 통해 공산 사회주의 체제를 지향하였으나, 북한을 제외하고는 이미 모두 망하였다. 한편 시장 중심의 주류 경제학은 완전경쟁시장을 가정함으로써, 시장의 불완전성을 극복하기 위해 등장한 기업이라는 사회적 기술을 경제성장 이론에 통합하는 데 실패하여 기업이 없는 경제학이 되었다. 좌, 우 어느 경제학도 기업이 없는 경제학이 된 셈이다. 이것이 아마도 오늘날 전 세계가 기업의 역할을 충분히 이해하지 못할 뿐만 아니라 심지어 반 기업 정책도 불사하는 경제정책의 온상이 된 까닭이며, 나아가 최근 저성장, 양극화에 직면한 원인도 바로 여기에 연유하는 것이다.

그럼 진실은 무엇인가? 기업은 위에서 언급한 결과와 같이 역사적으로나 이론적으로나 동반성장의 원천이다. 역사적으로는 오늘날과 같은 현대식 주식회사 제도는 19세기 산업혁명기에 공식적으로 법제화되면서 농경사회의 대장간 같은 소규모 가족기업을 대체하여 농경사회의 마차경제를 넘어 자동차, 비행기 경제라는 첨단 자본주의 경제를 창출하였다. 맬서스적 빈곤의 함정에서 헤어나지 못하던 농경사회가 현대적 기업조직을 통해 드디어 새로운 소득을 창출하는 자본주의 경제로 창발할 수 있었던 것이다. 현대적 기업 없이 자본주의 경제 성장발전은 불가능하였다.

이론적으로도, 기업은 시장의 불완전성을 극복하기 위해 인류가 발명한 가장 획기적인 사회기술이다. 정보의 불완전성 때문에 높은 거래비용을 부담할 수밖에 없었던 농경사회 시장경제는 인류가 거래비용을 내부화할 수 있는 현대식 기업조직을 발명함으로써 산업혁명, 과학·기술·지식혁명을 거치면서 오늘날의 지식 기반 경제로 창발할 수 있었다. 자본주의 경제에서 주식회사 기업제도를 제거하면 모두 농경사회로 역행하게 된다는 사실을 잊어서는 안 된다.

이런 관점에서 보면, 자본주의 경제는 농토 위에서 모두 빈곤에 찌들었던 인류를 대규모 주식회사라는 기업 속으로 옮겨 놓고 기업의 창조적 부가가치 창출 능력을 통해 인류 모두를 빈곤에서 구출한 것이다. 기업이 농토를 대체한 사회가 바로 자본주의 경제이다. 이 제 개인의 성공과 실패가 자신이 속한 기업의 흥망성쇠에 의존하게 되었다. 기업 속에서 상호 시너지 창출을 통해 동반성장을 만들어 내는, '같아지지는 않지만 모두 성장·발전하는 동반성장 경제체제' 가 자본주의 경제이다.

사실, 그래서 필자는 자본주의 경제는 시장경제보다도 기업경제 라 함이 옳다고 본다. 기적의 역사를 쓴 박정희 시대 최고의 동반성 장도 바로 기업 성장을 통한 경제발전 전략의 결과이며, 세계경제를 리드하는 많은 나라가 바로 기업 성장이 가장 빠른 나라들임을 잊어 서는 안 된다. 그동안 유별나게 반 기업 정서와 대기업 규제에 매달 려 온 한국도 대기업과 성장하는 기업에 대한 역차별적 규제를 하루 빨리 걷어내어 보다 성장 친화적인 기업정책으로 전환하여야 동반 성장의 새 시대를 열 수 있을 것이다.

② 중소기업의 성장 유인을 극대화하는 중소기업 육성정책 필요

어떤 경우에도 기업의 성장 유인을 극대화하는 것이 자본주의 경 제 동반성장의 길이다. 자본주의 경제발전은 바로 중소기업이 대기 업으로 성장하는 과정이기 때문이다.

이 과정을 촉진하기 위해서는 우선 중소기업 육성정책을 지금과 같은 n분의 1의 사회정책적 지원정책에서 과감히 탈피하여 경제발

전 정책으로 전환해야 한다. 성과가 우수한 중소기업이 중견 대기업으로 성장할 수 있도록, 금융지원 제도와 정부 지원정책을 경제적 차별화 원리에 맞도록 개혁해야 한다. 성과가 우수한 기업이 더 성장할 수 있도록 길을 열어야 한다. 중소기업 부문에 인수합병(M&A)을 활성화시켜 좀비기업들을 흡수하여 강한 중소기업이 빠른 성장으로 생태계를 이끌도록, 그래서 중견, 대기업으로 성장할 수 있게 해야 한다. 물론 이것이 바로 박정희 중소기업 육성정책의 성공 원리였음을 기억할 필요가 있을 것이다.

③ 대기업의 국내 독점화를 조장하는 국내투자 규제 철폐해야

동시에 대기업정책도 과감한 개혁이 필요하다. 그동안의 경제력 집중을 우려한 대기업 성장억제 정책은 사실상 경제력 집중의 폐해는 해결 못 하면서 기업의 성장 유인만 차단함으로써 사본주의 경제 성장의 역동성을 죽이고 불행하게도 한국경제 전체의 성장동력의 약화를 초래하였다. 상호진입을 억제하는 대기업의 문어발투자 규제는 성장 유인을 억제했을 뿐만 아니라 각 분야의 기존 기업들의 국내 독점력만 보호하는 결과를 초래하여, 이제 한국의 대기업 생태계는 피나는 경쟁도 없고 성장의 유인도 사라진, 정부규제가 보호(?)해 주는 기득권에 안주하고 있는 형국이 되었다. 물론 수출 부문의 경우는 국제경쟁의 압력에 노출되어 상대적으로 높은 경쟁압력을 받고 있지만 이것만으로 충분하지는 않다. 더구나 여기에 중소기업 부문이 반 신상필벌의 지원제도 속에 안주하면서 성장의 유인이 사라지다 보니 대기업 규제에도 불구하고 경제력 집중 완화에는 큰 성과를 보지 못하고 있다.

이제 중소기업 육성정책을 차별적 성과 중심 지원정책으로 전환함과 동시에, 대기업에 대해서도 투자에 대한 규제를 획기적으로 자유화하여 기업 부문에 경쟁과 성장 유인을 살려 내야 한다.

④ 기업정책의 새 패러다임

기업이 **경제력을 남용할 능력**(*ability* to abuse economic power)**과 이를 실제로 남용할 유인**(*incentive* to abuse economic power)**과는 전혀 다르다는 것이** 경제학의 초보임에도, 이를 혼동하는 기업정책이 너무나 남용되고 있다(Alchian and Allen 1977). 자본주의 경제의 성장발전을 이끌 수 있는 기업정책의 요체는, 성장 유인은 극대화하되 성장하는 우수 기업들의 경제력 남용의 유인을 극소화하는 데 있음에도 우리는 지난 30여 년 동안 아예 기업의 성장 자체를 차단함으로써 오랫동안 경제성장 정체와 양극화의 씨앗을 키워 온 것이다. 동시에 국내 독과점을 오히려 조장함으로써 경제력 집중의 완화에는 실패한 것이다.

경제력은 강한 능력 있는 기업에게 주어지는 선물이다. 그러나 이 힘은 또한 항상 남용될 소지가 있다. 어떻게 남용의 유인을 최소한으로 억제할 것인가가 기업정책의 요체이다. 실제 및 잠재적 경쟁자의 존재가 가장 강력한 경제력 남용 유인의 견제장치임은 경제학의 상식이 아니던가.

첫째, 대기업 부문에 상호 문어발 진입과 투자를 자유화하여 상호견제 역할을 하도록 해야 한다. 기업 간 실제 담합을 규제하는 것은 물론, 담합을 초래할 수 있는 업계의 각종 조합, 단체 활동이 실제 담합을 조장하지 못하도록 철저히 감시해야 한다. 이는 대기업 부문만이 아니라 중소기업 부문도 동일하게 적용되어야 한다. 기업의 크기, 분야, 지역에 따른 이중, 삼중의 투자규제 장치들도 모두 털어 내어야 한다. 이를 통해 대기업 부문에 실제 및 잠재적 경쟁을 극대화해야 한다.

둘째, 중소기업 육성정책을 경제적 차별화에 기초한 성장유도 정책으로 전환하여 하루빨리 중견, 대기업으로 성장하여 대기업 부문에 새로운 경쟁압력이 되도록 해야 한다. 개발연대 20여 년 만에 중소, 중견 기업들을 재벌로 키워 낸 중소기업 육성성책의 성공 노하우를 살려 내야 한다(좌승희 2015 참조).

셋째, 이것도 충분치 못하면 내수 독과점 부분에 보다 적극적인 해외 우수기업 유치전략을 천명함으로써 추가적인 잠재경쟁 압력을 유지할 수 있을 것이다.

이렇게 경제력 남용 유인 억제와 경쟁 촉진 정책으로 기업정책 패러다임을 전환한다면 최고조의 경쟁압력 하에 기업 부문에 성장 유인을 극대화할 수 있고 나아가 한국경제의 성장동력을 살려 내는 데 큰 도움이 될 것이다.

이와 반대로 정부가 지역, 크기, 분야에 따른 차별적 기업투자 규제정책을 지속한다면 한국경제 성장동력을 살려 내기도 어려울 뿐만 아니라 규제 회피를 위한 기업의 대(對) 정치, 대 정부 로비와 이로 인한 기업과 정치와 정부 간의 유착 문제에서 해방되기도 어려울 것이다.

⑤ 기업 구조조정의 기본 원칙을 준수해야

지금 한국경제는 국내외 경제환경의 악화로 구조조정의 압력에 시달리고 있다. 내부적으로는 기업 성장 유인을 차단하는 획일적인 평등주의적 대기업 규제정책과 중소기업 지원정책들로 기업들의 경쟁력이 약화되고 있다. 대외적으로는 중국 등 후발국들의 추격으로 우리의 중화학공업 부문 기업들의 수출경쟁력이 크게 잠식당하고 있을 뿐만 아니라 덩달아 세계경제가 소위 장기 저성장 국면을 못 벗어나면서 전반적인 수출시장이 정체되어 기업들의 수익성이 악화되고 있다.

이럴 때마다 등장하는 구호가 소위 '구조조정'이다. 구조조정을 해야 경제가 살아난다는 주장이다. 그러나 문제는, 구호는 요란하지만 구조조정이 제대로 잘 안 된다는 점이다. 우선은 구조조정을 한다는 말이 무슨 의미인지 잘못 이해하는 경우가 많고, 그래서 거의 대부분의 경우가 정치적 판단이 개입하면서 국고를 축내어 지원하지만 기대만큼 성과를 못 내고 있는 것이다.

구조정의 의미를 제대로 이해하려면 어디서 교훈을 얻을 수 있을까?

본서는 시장은 매일매일 경제적 차별화를 통해 구조조정을 하는 장치라고 해석한다. 시장은 매일 기업들을 상대로 그 성과에 따라 지원할 기업과 퇴출시킬 기업을 선택한다. 우리가 시장에서 행사하는 구매력이 바로 그 힘의 원천이다. 우리가 더 많이 구매하는 기업은 더 지원을 받아 승승장구하고, 그렇지 못한 기업은 안타깝지만 시장을 떠나게 된다. 우리 소비자나 구매자가 바로 구조조정의 주체인 셈이다. 이를 통해 시장경제는 보다 더 건강한 기업들로 채워지면서 생명력을 유지하게 된다. 이 과정에서 기업들은 더 많은 구매력 투표를 받기 위해 더 열심히 노력하고, 그 대가로 성공을 얻고, 더 나아가 실패하는 기업들의 시장을 확보하면서 빠른 성장의 기회를 누리게 된다.

기업들이 열심히 노력하는 이유는 결과적으로 경쟁자를 몰아내고 그 시장을 확보하여 더 성장하기 위함이며, 결국 우리와 같은 소비자나 구매자들은 이를 조장·촉진하는 역할을 하는 셈이다. 공적으로는 목소리 높여 약자를 위해야 한다는 정치인들도 도덕철학자들도 돈을 들고 서로 낯선 시장에 나가면 바로 거꾸로 시장의 강자를 선택하여 이들에게 투표하는 것이 정상이다.

그러나 시장은 이런 차별적 선택 과정에 따르는 '잘하는 기업과 못하는 기업'을 찾아내야 하는 정보비용과 기업 간의 불완전한 인수합병 제도 등으로 인한 거래비용 때문에 구조조정을 쉽게 잘 해내지 못한다. 누가 봐도 뻔히 퇴출되어야 할 기업과 살아남아야 할 기업이 혼재하여 모두가 이전투구하면서 구조조정을 못 해 경제가 바닥을 향해 가는 현상이 바로 이런 거래비용 때문에 발생하는 시장 실패의 실상을 보여 주는 것이다. 바로 여기에서 정부의 구조조정 역할이 필요하게 되는 것이다.

이제 정부가 시장에 개입하여 구조조정을 촉진하고자 할 경우 어떤 원칙을 따라야 할지는 분명해진다. 명백히 드러난 시장 성과에 따라 어려운 상황 하에서도 그나마 상대적으로 우수한 성과를 낸 기업 혹은 흑자기업을 살리고 적자기업을 퇴출시키는 것이 가장 기본적인 구조조정 방향이 될 수 있다.

그러나 여기서 적자기업의 단순한 퇴출이 능사는 아니다. 정부의 개입이 필요할 때까지 구조조정이 지연된 이유는 바로 인수합병에 수반하는 높은 거래비용 때문이기 때문에, 그리고 기업의 청산 등 기업 소멸은 실업을 유발하기 때문에, 정부에 의한 구조조정은 상대적으로 흑자인 기업이 적자기업을 쉽게 인수할 수 있게 도와주는 방식이 되어야 구조조정 효과를 극대화하면서도 이에 수반하는 고용 감소 효과를 최소화할 수 있다. 이 경우 흑자기업이 적자기업을 보다 신속하고 적극적으로 인수하도록 유도하기 위해 정부가 일정 정도의 인센티브를 제공할 수도 있다. 소위 '구조조정 자금'이라는 말은 이와 같이 차별적으로 승자에게만 제공되는 인센티브적 성격이라야 하지, 만일 적자기업들을 도와 살리는 목적으로 쓰인다면 구조조정은 오히려 지연되고 경제는 더 어려워질 수밖에 없게 된다.

이 경우 기업의 성과를 평가함에 있어 개별 기업들은 물론 해당 산업의 미래 성장능력을 중시해야 한다고도 하는데, 이는 원칙상 옳은 지적이긴 하지만, 우리처럼 후발자의 이익이 거의 소멸되어 벤치마크할 선례가 많지 않은 경우 미래 성장 가능성을 알아내기란 전혀 쉽지 않기 때문에 정치적 판단이 개입될 소지가 커서 오히려 구조조정을 지연시킬 수 있기 때문에 현실적인 지침으로 활용하기는 쉽지 않다.

시장경쟁에서의 성공과 실패는 어느 누구도 사전에 결과를 예측할 수 없고 많은 경우 '운칠기삼(運七技三)'의 영역을 못 벗어나기 때문에 무리한 미래 예측에 의존하기보다는 현재 드러난 시장의 결과를 기준으로 평가하는 것이, 완벽하다고 할 수는 없지만 유일한 현실적인 대안이라 할 수 있다.

노사관계의 새 패러다임: 뭉치면 살고 흩어지면 죽는다

오늘날의 노사관계는 기본적으로 마르크스의 계급투쟁론적 관점에서 형성되었다. 본서는 자본주의 경제의 변화, 발전 원리는 '흥하는 이웃이 있어 내가 망한다'는 계급투쟁 이념으로 설명되는 것이 아니라 '흥하는 이웃이 있어야 나도 흥하는' 비선형적 시너지를 통한 창발의 메커니즘이라 했다.

이런 관점에서 보면 지금의 노조 이념은 자본주의적이라기보다 너무 사회주의적이다. 따라서 이런 관점에서 보면 자본주의 경제의 동반성장을 위한 노사관계는 그 근본에서부터 재검토되어야 한다. 서로 투쟁의 대상이 아니라 시너지 창출 상대로서, 기업 창발의 파트너라는 관점에서 다시 써야 한다.

우선 기업이 계급투쟁의 장이 아니라 토지를 대체한 근로자의 삶의 터전이라는 사실을 인정하여야 한다. 기업 없인 근로자도 없다. 기업 또한 근로자가 기업의 창발의 원천임을 깊이 인식하여야 한다. 근로자 없이 기업도 없다. 그리고 사회 모두는 기업은 자본주의 경제 동반성장의 원천이라는 사실을 인정해야 한다. 노사관계가 불안하고 세계 일류 기업이 될 수는 없는 일이다. 이런 실사구시적인 세계관에서 출발해야 노사관계가 동반성장 친화적으로 재정립될 수 있을 것이다.

오늘날 한국의 노사관계는 그 계급투쟁적, 전투적 성격의 역사적 연원이 어디에 있든 지속가능하지 않아 보인다. 더 이상 노조를 전투적인 조직으로 방치해서는 안 된다. 노사 모두의 각성이 필요한 시점이다.

교육과 과학기술 정책은 수월성 추구가 생명

교육의 중요성은 아무리 강조해도 지나치지 않다. 그러나 경제학계는 어떻게 해야 교육이 인간의 역량을 높이는 보편적 사회정책 기능과 자본주의 경제발전의 핵심 요소로서의 발전의 기능을 적절히 수행할 수 있도록 할 것인지 아직도 암중모색 중이다.

본서의 '경제발전의 일반원리'에 의하면 교육도 그냥 사회정책의 일환으로만 접근해서는 지속가능하지 않다. 오늘날의 평준화 교육이념이 추구하는 인적 자원의 수월성을 희생하는 보편적 교육의 확대만으로는 교육이 경제의 성장발전에 크게 기여하기 어렵고 따라서 지속가능하지 않다. 더구나 공교육의 수월성 교육 포기가 사교육시장을 창궐하게 하고 결국 사교육 시장에서 배제되는 취약계층 자녀들의 빈곤의 대물림을 고착화시키는 현재의 평준화 교육은 개혁되어야 한다. 이는 우리만이 아니라 민주주의 이념 하에 보편적 교육의 확대에 치중하고 있는 전 세계 교육이 안고 있는 공통의 문제이다. 전 국민이 다 대졸자가 되어도 경제성장은 하락하는 현상의 원인이 여기에 있다.

교육이 경제의 성장발전에 기여함으로써 교육투자의 지속가능성을 확보하기 위해서는 교육 기회의 지속적 확대와 더불어 교육의 수월성 추구를 보다 강화하여야 한다. 이를 위해서는 교육 기회 확대를 위한 투자를 지속하되 동시에 수월성 교육을 강화하기 위한 신상필벌의 원리를 공교육 현장에 재도입, 강화해야 한다.

대학교육이나 과학기술 분야야말로 수월성이 다른 어떤 분야보다도 강조되어야 할 분야이다. 그러나 이 분야마저도 민주적 평등의 이념 때문에 수월성 추구가 백안시되고 있다. 우수한 학자, 과학자, 기술자가 보다 더 대접받는 사회가 되어야 수월성 추구의 동기가 부여되고 그래서 소위 노벨상급 인재도 나오는 법이다. 고등교육이나 과학기술 투자는 평등보다 수월성이 더 강조되어야 한다. 이 분야야말로 투자에 있어 신상필벌의 경제적 차별화 시장원리가 철저히 적용되어야 할 분야이다.

지역균형 발전정책의 새 패러다임: 이웃 마을이 흥해야 우리 마을도 흥한다

지역균형 발전은 다 같아져야 한다는 의미가 아니라 서로 다 다르게, 그러나 동반성장한다는 의미이다.

1960~70년대 지역균형 발전의 이념 하에 대도시 성장규제 정책을 하던 영국, 프랑스, 일본 등 선진국들은 이미 다 도시성장정책으로 전환하였다. 경직적 균형발전 정책은 전 경제의 하향평준화를 피할 수 없기 때문이다. 그러나 이보다 늦게 균형발전 이념을 따라간 한국은 1982년 도입한 수도권 규제정책을 아직도 금과옥조처럼 지키고 있다. 이에 더하여 최근 10여 년간은 공공기관 지방 이전과 행

정수도 이전 등으로 오히려 지역균형 정책을 강화하여 그동안의 경제성장 정체 현상을 오히려 심화시키는 데 기여하고 있다. 개발연대 비교우위에 따른 지역산업단지 육성정책처럼 하루빨리 각 지역이 비교우위에 따라 차별화된 지역발전 정책으로 서로 다르지만 동반성장하는 패러다임으로 돌아가야 한다. 비교우위 지역에의 경제력 집적이 바로 시너지와 낙수효과의 원천임을 잊지 말고 하루빨리 수도권 규제를 철폐하고 지역 간 성장경쟁을 유도하여야 한다.

균형발전이야말로 '흥하는 이웃이 있어야 나도 흥한다'는 자본주의 발전 원리에 충실할 때라야만 가능하다는 사실을 잊지 말아야 한다. 이웃 마을이 망해야 내 마을이 잘될 수 있다는 사회주의적 균형발전 이념에서 탈피하지 못하면 우리 마을의 발전도, 국민경제 전체의 번영도 기대할 수 없는 법이다.

사회정책의 발전정책으로의 구조조정

오늘날의 국가운영에 있어 그늘진 곳의 불우한 국민들을 양지로 인도하는 일은 무엇보다도 중요한 국가의 책무이다. 그러나 이를 위한 보다 중요한 과제는 단순히 재원을 조달하여 지원한다는 차원을 넘어 '어떤 방식으로 지원해야 국민들의 자구노력을 유도하여 음지에서 양지로 탈출하게 하고, 궁극적으로는 지원제도 자체의 재정적 지속가능성을 확보할 수 있을 것인가'이다.

그러나 그동안 전 세계의 복지정책 등 사회적 역량 강화를 위한 사회정책은 신상필벌의 경제적 차별화 원리에 역행하는 평등지원 정책으로 인해 모두의 자구노력을 약화시키고 부가가치 창출 노력을 유도하는 데 실패함으로써 정책의 지속가능성을 상실하게 되었다. 선진국의 실패하는 복지정책이 이를 증명하고 있다.

이와 관련해서 우리나라의 새마을운동이 사회 의식개혁 운동으로 출발하여 결국 경제발전 정책 기능도 훌륭하게 해낸 경험이 이 문제의 해결에 도움이 될 것이다. 새마을운동은 지원에 따른 실제 성과에 따라 엄격하게 후속 지원을 차등화함으로써, 즉 경제적으로 차별화함으로써 동기부여를 통해 모든 후발 참여 마을들을 적극적으로 운동에 동참시켜, 결과적으로 모든 마을의 자발적 참여를 이끌어 내고 이를 통해 농업생산성 향상과 농업 구조조정을 훌륭하게 이루어 냈던 것이다.

따라서 사회정책이라고 그냥 인센티브 차등 없이 n분의 1로 지원할 것이 아니라 신상필벌의 경제적 차별화 원리를 적용함으로써 사회정책을 경제발전 정책 기능까지 하게 해야 음지를 양지로 바꿔 내고 정책의 지속가능성도 확보할 수 있을 것이다.

경제민주화의 미망에서 벗어나야

평등한 경제를 추구하는 경제민주화는 헌법 왜곡

오늘날 한국에서는 '경제민주화'가 가장 정치적으로 인기 있는 말이 되었다. 정부가 경제적 약자를 위해 강자를 견제함으로써 보다 공정하고 평등한 경제를 만들어야 한다는 주장으로 해석되고 주장되고 있다.

오늘날 한국에서 경제민주화는 평등민주주의를 의미한다. 필자는 오래전부터 경제는 민주화의 대상이 아니라 주장해 왔다. 물론 논리는 자명하다. 경제는 속성상 경제 사다리를 세우려 하지만 정치는 반대로 이를 눕히려 하기 때문이다. 경제발전을 위한다면 시장의 차별화 기능을 살려야 하는데, 민주주의는 속성상 이에 반대로 개입하길 좋아하기 때문이다. 경제민주화, 즉 평등한 경제는 경제발전의 안티테제이다.

그러나 한편 헌법 제119조 2항의 '경제민주화'는 이러한 평등민주주의적 주장으로 해석돼서는 안 된다는 것이 필자의 주장이다. 필자가 여러 계제에 밝힌 대로 원래 헌법상의 경제민주화는 그 도입 당시 민간 부문에 대한 정부의 과도한 개입을 완화하여 정부, 기업, 근로자가 동등한 입장에서 민간이 주도하는 시장 친화적 경제를 지향한다는 의미로 도입되었다. 경제민주화란 경제 운영의 민주화를 통한 민간 주도 경제를 의도한 것이지, 소위 부의 배분을 평등화하자는 것이 아니다.[2] 그러나 일부 인사가 이를 왜곡하여 자의적으로 대기업 견제, 균형경제 등 사회민주주의적 개념으로 해석, 정치적으로 이용함으로써 현재와 같은 혼란을 초래하고 있는 것이다.[3] 최근 정치권은 여야를 막론하고 경제민주화의 미신에 빠져 최근에는 '사회적 경제'라는 진일보한 평등민주주의적 개념을 추구하고 있다.

동반성장이 재분배 균형정책으로 달성되지 않음은 이미 지난 60여 년의 역사적 경험에 의해, 그리고 이론적으로 입증되었다. 지난 반세기 이상을 완전한 평등을 추구했던 사회주의는 북한을 빼고 모두 몰락했고 수정자본주의, 사회민주주의 등 경제평등 민주주의를 추구한 서구 선진국들은 오늘날 하나같이 저성장, 양극화에 직면하고 있지 않은가. 경제민주화는 사회민주주의의 실천 수단에 다름 아니다. 진정으로 동반성장을 이루고자 한다면 하루빨리 경제민주화의 미망에서 벗어나야 한다.

경제민주주의가 실패할 수밖에 없는 이유

그럼에도 불구하고 오늘날 경제민주화의 환상은 가라앉기는 고사하고 무슨 열병처럼 전 세계는 물론 한국 사회도 정치권을 중심으

---

2 이는 1987년 헌법개정 당시 헌법개정소위 위원장을 지낸 현경대 전 의원의 공식적 해석이다. 현경대(1988: 94-95) 참조.

3 1987년 헌법개정 당시 개정소위의 민정당 측 위원이었던 김종인 전 의원의 해석이다. 그러나 현경대 전 소위위원장의 증언에 의하면 당시 소위에서는 이런 해석에 대한 논의는 전혀 없었다고 확인하고 있다.

로 끝 모르게 번지고 있다. 그럼 이론적으로 경제민주화 이념이 실현될 가능성은 있는 것인가? 불행하게도 그 가능성은 없어 보인다.

일반적으로 경제에 민주라는 평등의 이념이 결합된 경제민주주의(economic democracy)는 민주주의라는 제도가 1인 1표라는 절차적으로는 절대적인 평등을 보장하고 있음에도 불구하고 부자들이 선거자금을 동원하여 선거 과정과 결과에 영향을 미칠 수 있기 때문에 실질적으로는 불평등한 제도로 전락되고 있다고 보고, 민주주의의 실체적 평등을 달성하기 위해서는 경제적 부의 평등이 필요하다는 주장에서 출발한다. 이를 위해 소득의 원천인 기업의 경영에서 모든 구성원이 1인 1표의 민주 원리에 따라 동등한 권리와 임금을 향유하는 **경영 민주화**를 통해 모든 경제주체들이 동등한 경제적 부를 향유해야 한다고 주장한다. 실질적으로 평등한 민주주의를 실현하기 위해 경제적 평등을 추구해야 한다는 전형적인 '경제의 정치화' 주장인 것이다(Dahl 1985, 1998).

그럼 모두 더불어 같이 평등한 삶과 평등한 민주제도를 실현하고 싶다는 것이 무슨 문제란 말인가? 뜻에 문제가 있는 것이 아니라, 이를 위한 정책이나 제도가 오히려 더 불평등한 결과를 가져온다는 데 문제가 있는 것이다. 우리 인간은, 정치인들이 늘 그러듯이, 공적인 공간에서는 항상 평등이라는 아름다운 이상을 내세우지만 사적인 공간인 시장에서는 항상 잘하는 경제주체를 선택하여 차별적으로 더 많은 지원을 함으로써 정반대로 경제적 차등과 차이, 불평등을 조장하는 표리부동한 존재이기 때문인 것이다. 아무리 민주, 평등, 공정, 동반, 포용이니 하는 이념을 내걸어도 시장에서 우수한 기업과 제품과 서비스를 선호하는 차별적 선택 본능이 사라지지 않는한 이런 이념들이 실현될 가능성은 없기 때문이다. 이런 선택 본능을 무력화시키면, 사회주의 몰락을 통해 경험했듯이, 아무도 선택받기 위한 노력을 할 리가 없기 때문에 결국 모두 하향평준화되면서 극소수의 권력자들을 빼고는 모두 가난해지는 저성장과 양극화에 직면하게 된다.

한편 선택 본능을 적절히 규제하면 보다 평등한 결과를 얻을 수있을 거라고 생각할 수 있겠지만, 경험은 이런 중용의 길이 쉽지 않음을 보여 주고 있다. 지금 실패하고 있는 수정자본주의나 사회민주주의가 바로 그 중용의 길이기 때문이다.

우리의 경우는 오늘날의 저성장과 양극화가 지난 30여 년 동안소위 1987년 체제 하에서 균형발전을 위한 수도권·대기업 규제와경제민주화라는 사회주의 평등 이념을 추구해 온 결과임에도 불구하고 또다시 경제민주화를 더 강화하여 풀겠다고 하고 있는 셈이다. 그러나 경제민주화를 내세우지도, 소득재분배를 내세우지도 않고 자조정신과 자기책임, 신상필벌을 강조했던 박정희 개발연대는 '모두 같아지지는 않지만 모두 같이 발전하는' 세계 최고의 동반성장을 실현하였다. 노력과 성과에 따른 **공정한 차별대우**만이 각자의성장과 발전의 동기를 유인함으로써 진정한 의미의 포용적 동반성장, 나아가 경제민주화도 실현할 수 있음을 시사하고 있는 것이다.

3. 통화정책의 새 패러다임: 중립적 통화정책과 차별적 통화정책

거시 통화정책의 기본 원칙 중의 하나는 상대가격에 대해 중립적이어야 한다는 것이다. 다시 말해 통화정책은 미시적 자원배분의 왜곡 없이 전체 경제의 안정을 유지하기 위한 정책이라는 의미이다. 따라서 중앙은행의 금리정책은 단기국채 시장을 대상으로, 지불준비금이나 대출정책은 전체 은행권을 대상으로 하여 개별 산업이나 기업에 차별적 영향이 가지 않도록 중립적으로 집행되고 있는 것이다.

그런데 최근에는 이런 중립적 통화정책이 제대로 경기부양 효과를 내지 못하면서 소위 통화의 양적 완화라는 이름으로 통화공급을 최대한으로 늘리기 위해 특정 분야의 채권을 매매함으로써 특정 분야에 자금을 차별적으로 공급하는 방식의 통화정책이 등장하였다. 물론 이를 통해 보다 많은 유동성을 공급한다고 하지만, 사실상은 특정 부문에 대한 차별적 유동성 공급으로 상대가격에 영향을 미쳐 실물 부문의 자원배분에까지 영향을 미치고 있는 것이다. 미국 연방준비은행의 경우 2008년 주택금융위기 이후 주택채권 매입이나

AIG라는 보험회사에 대한 금융지원 등이 그 예이며, 일부 다른 나라들도 유사한 양적 완화 정책들을 시행하고 있고, 한국에서도 구조조정의 필요성과 맞물려 중앙은행이 특정 산업 분야 관련 채권을 매입하는 방식으로 구조조정 자금을 공급하자는 주장이 제기되고 있다.

그런데 이런 정책은 사실상 박정희 산업혁명 시대에 이미 관행화되었던 정책이었다. 소위 성장통화라 하여 한국은행이 수출금융을 바로 신용장을 기초로 해당 기업에 공급하고, 특정 산업을 육성하기 위해 기금을 조성하는 데 참여하거나 특수은행에 출자를 하는 등, 중앙은행의 통화정책이 사실상 특정 목적이나 분야와 기업에 따른 차별적 공급으로 자원배분에 영향을 미치는 방식이었다. 이를 교과서적인 중립적 통화정책에 대비하여 '차별적 통화정책'이라 명명할 수 있다.

물론 이런 차별적 통화정책 때문에 순수하게 물가안정을 위한 중립적인 통화정책 기능은 활성화될 수 없었다. 그런데도 흥미로운 것은, 당시는 물론 그 후의 학계의 비판에도 불구하고 이런 차별적 통화정책 하에서도 경제성장은 세계 최고에, (소비자물가 상승률로 본) 인플레이션마저도 1966~79년 평균 14.1퍼센트에 그쳐, 당시 세계에서도 모범적인 결과를 시현하였다. 이는 유동성이 바로 생산성이 높은 분야에 직접 공급됨으로써 생산유발 효과가 극대화되었기 때문이다. 통화정책이 중립적 총수요관리정책에서 차별적 총공급확대정책으로 전환된 사례라 할 수 있다.

그런데 여기서 주의할 점은, 이 정책의 성공 요인이 바로 '신상필벌의 차별화 원리'에 따라 생산성이 높은 분야에 유동성이 공급되었기 때문이라는 점이다. 차별적 지원 대상인 기업과 그렇지 않은 기업의 판별은 과거와 현재의 투명하게 드러난 시장 성과가 기준이 되었으며, 이를 통해 근거가 희박할 수밖에 없는 미래 성공 기업을 선택한다는, 즉 승자를 미리 선택한다는 '정치적 고려'가 최소화될 수 있었기 때문에 성공 가능성을 높일 수 있었다.

　정부의 공공정책이 경제발전과 정책의 지속가능성을 담보하려면 반드시 경제적 차별화 원리를 따라야 한다는 '일반이론'의 시사점에 주목할 필요가 있다. 경제발전의 견지에서 보면 시장은 후발자의 무임승차 현상으로 인해 성공하는 이웃에 불리하게 기울어진 경기장이기 때문에 소위 자생적 시장에서 형성되는 상대가격 체계가 항상 공정하거나 경제발전 친화적이지는 않으며, 따라서 거시경제학의 중립적 통화정책 명제 또한 절대적 진리이기는 어렵다. 따라서 경제발전 전략으로서의 차별적 통화정책 개념과 합리적인 집행 방법 등에 대한 보다 진지한 학계의 연구가 필요하다고 생각한다.

　그러나 어떠한 경우에도 통화제도의 안정을 위한 중앙은행의 정치적 중립성 보장과 기존의 물가 등 경제안정을 위한 중립적 통화정책 기능 또한 소홀히 해서는 안 될 것이다.

4. 통일학의 새 패러다임: 박정희 한강의 기적 노하우로 '대동강의 기적'을 실현하자 [4]

한국의 통일전략 상의 핵심 정치경제체제는 자유민주주의(헌법 제4조)와 시장경제(제119조 등) 체제이다. 그래서 그동안 이 체제가 마치 통일은 물론 북한경제 발전의 전제조건인 양 주장하고 설득해 왔다. 그러나 이에 기초한 그동안의 통일학 패러다임은 몇 가지 측면에서 문제점을 가지고 있다.

우선 이 체제는 북한 지배층의 입장에서는 자신들의 정치경제적 기득권을 일거에 무력화시킬 것이기 때문에 받아들이기 어려울 것이다.

둘째로, 민주주의의 평등 이념과 시장경제의 차등 원리는 항상 상충될 위험이 있기 때문에 이 체제가 후진국 일반은 물론 북한경제의 경제적 도약을 가져올 것이라는 이론적, 경험적인 근거 또한 희박하다. 따라서 북한 지배층의 입장에서 이를 받아들일 인센티브 또한 없다.

셋째로, 만일 북한이 이 체제를 받아들여 통일에 합의하든, 아니면 현재의 극단적 1인독재 체제가 완전히 실패하여 불가피하게 흡수통일을 하게 될 경우, 한반도에 정착 가능성이 가장 높다고 예상

---

4 여기서 논의하는 '대동강의 기적 패러다임'에 대한 보다 상세한 논의는 좌승희(2015a, 2015b) 및 좌승희 외(2015) 참조.

되는 정치경제체제는 악성 사회민주주의 체제이다. 까닭은 이미 오랫동안 거의 반 이상의 국민이 경제적으로 좌경화된 한국이 극단적 사회주의 1인독재 체제 속에서 70여 년을 살아 온 북한 주민과 합쳐진다면 1인 1표의 민주정치의 속성상 한국 정치경제체제는 급속도로 경제평등을 추구하는 악성 사회민주주의 체제로 전락하게 될 것이기 때문이다. 이런 흡수통일 시나리오 하에서 통일비용은 전혀 예상조차 할 수 없을 정도로 심대할 것이며 한국경제의 미래는 암울하다 할 것이다.

오늘날 남북통일 문제에 있어 가장 큰 딜레마는 북한이 실패한 국가라는 데 있다. 우선, 북한이 경제는 물론 국제정치적으로도 실패한 국가이기 때문에 중국의 영향력을 벗어날 수 없어 독자적으로 통일 문제를 결정하기가 어려울 것이라는 점이고, 다음으로 실패한 국가로서 잃을 것이 별로 없기 때문에 체제의 생존을 오로지 핵이라는 자폭 수단에 의지하게 된다는 점이다.

필자는 그동안 통일에 앞서 북한 지배층이 기득권을 유지하면서도 북한경제가 도약을 통해 짧은 기간에 1인당 소득 1만 달러 정도로 성장하여 주민들의 삶을 개선하고 동시에 경제력을 바탕으로 중국에 대해서도 "노"라고 할 수 있을 뿐만 아니라 결과적으로 핵 보유의 기회비용을 획기적으로 높여 실질적으로 핵을 무용지물화시킴으로써 북한을 정상국가화하여, 통일비용을 들이지 않고도 한국, 북한 주민, 그리고 북한 지배층, 3자 모두가 윈윈할 수 있는 통일의 길이 있다고 주장한 바 있다. 바로 북한이 적어도 인권 유린을 배제한 권위주의적 정치체제로 전환한다는 조건 하에 현 지배층의 주도 하에 한강의 기적을 일으킨 박정희 식 국가경제 운영의 노하우를 적극 수용하고 한국도 이를 적극 지원하여 '대동강의 기적'을 일으킴으로써 북한의 경제발전과 정상국가화를 앞당겨 최소의 통일비용으로 정치사회적 통일을 이룰 수 있다는 주장인 것이다. 이 과정에서 남북 간 협력을 통한 경제적 통합이 자연스레 이루어질 수 있을 것이며, 자유민주주의와 시장경제 체제 하의 정치사회적 통일은 북한의 경제적 도약 이후에 논의되는 것이 바람직하다. 이 패러다임을 필자는 '대동강의 기적 패러다임'이라 명명한 바 있다.

여기서 새로운 '대동강의 기적' 패러다임의 관건은 두 가지이다. 하나는 어떻게 북한 지배층으로 하여금 이 패러다임을 수용하게 할 것이냐이고, 다른 하나는 핵 문제를 어떻게 해결할 것이냐의 문제이다.

첫 번째 문제는, '대동강의 기적 패러다임'은 북한의 현 지배층이 그동안 한민족에 대해 역사에 씻을 수 없는 해를 끼쳤다 하더라도 이들이 선의의 독재자로 변신하여 역사에 어느 정도 긍정적으로 기록될 수 있는 유일한 성공 대안이기 때문에 설득 가능성이 높다고 생각한다. 다른 어떤 방법으로도—남한을 적화시키지 못하는 한—현재의 북한 지도층이 중장기적인 생존 가능성을 보장받을 길은 없기 때문이다.

두 번째 문제와 관련해서는, 핵은 비전이 없는 자의 자폭 수단이기 때문에 성공한 지도자로 기록될 가능성이 높아질수록 자폭 수단의 유용성은 반감된다.

대북 압박의 채찍과 새로운 대동강의 기적의 당근을 적절히 구사하여 북한을 정상국가의 길로 유도해 낼 수 있기를 기대해 본다. 우선 대북 문제에 대한 남남갈등을 최소화하여 대북압박 효과를 극대화할 수 있어야 대동강의 기적의 당근 효과도 더 큰 효과를 볼 수 있을 것이다.

한때 풍미하던 대북 햇볕정책이 실패한 것은 채찍 효과는 없이 당근만을 제시한 결과이다. 햇볕을 피할 방법이 없어야 옷을 벗을 텐데, 사방에 그늘이 있으면 햇볕정책은 실패할 수밖에 없다. 그늘을 없애는 압박정책이 동반되어야 변화를 유도할 수 있는 법이다. 대동강의 기적의 길 외에는 살길이 없음을 각인시키기 위한 압박이 있어야 체제 전환 효과를 기대할 수 있다. '대동강의 기적 패러다임'은 통일학의 또 다른 유용한 선택지가 될 수 있다고 생각한다.

5. 중산층 복원이 동반성장 회복의 길

오늘날 한국 사회는 물론 전 세계 경제문제의 핵심은 장기 저성장과 양극화의 심화 현상이다. 그러나 해법은 시원치 않다. 겨우 저금리나 마이너스금리로 통화공급을 무제한 늘리면 소비가 살아나고 투자가 살아나리라는 고식적 총수요 확대정책이나, 소득분배를 인위적으로 개선하면 저소득층의 소비가 증가하여 경제가 활성화될 것이라는 재분배 복지정책을 더욱 강화하자는 주장이 고작이다.

그러나 전자는 어느 나라에서도 별로 효과를 보지 못하고 있을 뿐만 아니라 논리적으로도 자본주의 경제의 본질을 무시한 정책으로, 인위적 저금리는 오히려 신용사회의 근간을 허물어 경제를 더 위축시킬 가능성이 크다.[5] 후자는 이미 지난 반세기 이상 해 온 실패한 정책을 더 강화해 보자는 대책 없는 소리에 불과하다. 오늘날의 경제문제의 근본 원인이 바로 과도한 재분배 평등주의 정책으로 인한 경제의 하향평준화 현상에서 나온다는 이치에 무지하거나, 아니면 득표 전략 상 표퓰리즘을 못 벗어나는 일부 정치인들의 주장이다.[6]

그럼 답을 어디서 찾을 것인가?

우선 저성장, 양극화·현상의 근본 원인부터 규명하는 것이 필요하다. 어느 사회든 이 문제와 동시에 진행되는 또 다른 양상은 '중산층'의 축소이다. 양극화는 중산층이 축소되면서 나타나는 현상으로, 양극화와 중산층 축소는 동의어인 셈이다. 한편 저성장은 일자리 공급 능력의 부족으로 중산층의 해체를 가져온다. 따라서 저성

---

5 이 정책의 문제점에 대해서는 앞의 제1, 2장을 참조.

6 후자의 이 재분배 평등주의 정책이 바로 장기 저성장과 양극화의 원인임이 본서의 전편에 걸친 주장이다.

장, 양극화는 중산층 몰락의 또 다른 양상이며 그 해법은 바로 '중산층 복원'에 있다.

농경사회는 모든 인간이 맬서스적 빈곤 함정에서 헤어나지 못했던 중산층이 없는 사회이며, 따라서 귀족계급을 빼고는 모두 가난한 하향평준화된 사회였다. 오늘날과 같은 중산층은 자본주의 경제현상이다. 어떻게 자본주의가 중산층을 만들어 내었는가? 중산층은 농토가 아니라 자본주의적 기업에서 창출된다. 자본주의 경제는 인류를 농토에서 해방시켜 기업조직에 흡수하여 경제발전에 참여시킴으로써 보다 많은 부가가치를 창출할 수 있게 하고, 그에 상응하는 보상 시스템을 통해 높은 소득을 향유할 수 있게 함으로써 대규모의 중산층을 만들어 내었다. 즉, 자본주의 기업의 일자리 창출 능력이 중산층의 바탕이 되었다. 자본주의적 대형 주식회사 기업이 없는 경제에서는 중산층이 형성될 수 없다. 역으로 양극화는 바로 기업 부재, 기업투자 부진, 기업 일자리 창출 능력 저하와 같은 의미가 된다. 기업투자를 통한 기업 성장과 일자리 창출만이 중산층을 만들어 내어 성장과 동시에 양극화를 해결할 수 있다는 의미이다.

개발연대 한강의 기적은 세계 최고의 동반성장을 가져왔다. 당시의 동반성장은 기업육성을 통해 일자리를 지속적으로 공급함으로써 자본주의 경제의 버팀목인 중산층을 대량으로 육성할 수 있었기 때문에 가능했던 것이다. 수출산업 육성, 중화학공업 육성 등을 통해 중소기업이 지속적으로 대기업으로 성장하면서 지속적으로 양

질의 일자리를 공급함으로써 중산층이 양산되고 동반성장이 가능했던 것이다. 그러나 지난 30여 년은 대기업 경제력집중 규제라는 기업 성장 유인을 차단하는 규제에 목매어 기업투자를 억제하여 해외투자를 조장하고 국내 일자리 창출을 억제함으로써 중산층의 축소를 조장했기 때문에 저성장과 동시에 양극화에 직면하게 된 것이다.

작금의 선진국을 포함한 전 세계가 직면하고 있는 저성장, 양극화 문제의 원인 또한 이와 다르지 않다. 지난 60여 년간의 재분배 복지비용 부담을 위한 높은 법인세율, 상속세율 등 반 기업적 평등주의 정책 패러다임의 결과, 기업들의 성장 유인이 지속 하락한 데 그 원인이 있다. 중산층 복원을 위한 기업 일자리 창출의 전제가 되는 기업투자 활동의 회복이 세계 경제문제는 물론 한국 경제문제 해법의 출발점이다.

한편, 이미 앞에서 지적한 바와 같이, 동반성장이란 적어도 같아지지는 않더라도 분배의 악화 없이 모두의 소득이 성장함을 의미하며, 물이 위에서 아래로 흘러내리듯 경제활동이 왕성한 부문에서 그렇지 않은 부문으로 성장효과가 퍼져 나감으로써 전체 경제가 같이 성장하게 된다는 낙수효과의 결과이다. 물론 이 효과는 소위 유발수요 창출을 통해 연쇄적으로 투자활동이 기업에서 기업으로 파급되는 과정을 통해 실현되며, 이 과정에서 일자리가 지속적으로 창출되어야 동반성장이 가능해지는 것이다. 그러나 역으로 잘 흐르는 강의 상류에 댐을 쌓으면 하류가 고갈되는 것과 같이, 성장을 주도하는 기업 부분이나 지역의 경제활동을 제약하면 낙수효과의 원천이 봉쇄되어 덩달아 나머지 경제의 정체는 불가피해진다. 이런 관점에서 보면 오늘날의 저성장, 양극화 문제는 경제적으로 강한 자의 성장을 억제하면 모두가 균형성장할 수 있다는 평등주의적 이념에 기초한 각종의 정치적 규제가 불필요한 댐을 쌓아 낙수효과의 전달을 차단하고 있기 때문에 생기는 일이다.

일각에서는 더 이상 낙수효과가 작동되지 않으니 양극화 해소를 위해 보다 강력한 재분배를 해야 한다고 주장하는데, 이는 경제발전의 본질일 뿐만 아니라 박정희 시대 그렇게도 잘 작동되던 낙수효과가 왜 지난 30여 년 동안, 그것도 바로 양극화를 방지한다는 각종의 균형발전 정책에도 불구하고 약화되었는지에 대한 깊은 사려가 없는 피상적 접근이다. 원인을 제대로 규명하여 치유하려 하지 않는 대증적인 규제 일변도의 접근은 상황을 더 악화시킬 뿐이다. 이미 앞에서 누누이 지적한, 30여 년 동안 쌓아 온 평등주의에 기초한 규제의 댐이 모든 문제의 근본 원인인 셈이다.

결국 동반성장의 회복은 댐을 허무는 일에서 시작할 수밖에 없다. 그동안 균형발전이니 경제민주화니 하여 도입된 기업투자에 대한 각종의 '규모, 분야, 지역에 따른 차별적 규제'를 모두 걷어 내고 국내 투자환경을 세계 최상으로 개선하여, 대기업들의 해외투자가 줄을 지어 국내로 되돌아오고 국내 대기업은 물론 중소기업들 간에도 치열한 경쟁 속에서 성장의 유인이 극대화되고 새로운 기업들이 줄을 지어 창업할 수 있게 되어야 동반성장의 선순환 구조가 저절로 회복될 것이다. 이렇게 돼야 박정희 시대 수출 견인 동반성장의 선순환 구조가 회복되고 국내 일자리 창출과 동반성장의 견인차로서 수출지원 정책의 존재 의의와 명분도 되찾을 수 있을 것이다. 이와 같이 규제의 댐을 허물어 기업투자 활동을 회복시킴으로써 새로운 일자리 창출을 통해 중산층이 복원되어야 오늘날 한국경제의 많은 문제가 풀리게 될 것이다.

이와 관련하여 특히 한국의 정치권도 이제 고식적으로 경제를 정치화하려는 이념적, 정치적 구호에 매달릴 것이 아니라 보다 실사구시적으로 '중산층 복원'을 목표로 내걸고 기업투자 활동을 적극 지원하겠다는 정당들이 나와 '정치의 경제화'를 위한 정책 경쟁을 해야 경제의 보다 밝은 미래를 기대할 수 있을 것이다.

결어

위기의 한국경제,
박정희에게 길을 묻다

오늘날 세계경제는 물론 한국경제도 저성장과 소득 불평등 심화로 몸살을 앓고 있다. 그래서 경제민주화니 동반성장이니 포용적 성장이니 하면서 모두 더불어 잘사는 나라를 만든다고 정치권이나 학계나 요란을 떨고 있다. 그러나 뾰족한 해답은 없고 성과도 없이 말의 성찬에 그치고 있다.

흥미로운 것은, 전 세계가 2차대전 후 60여 년을 바로 모두 더불어 잘사는 경제를 만든다고 애를 써 왔다는 사실이다. 선진국 경제는 소위 수정자본주의라 해서 소득재분배 정책을 중심으로 복지제도를 강화해 왔으며, 1960~70년대부터는 사회주의 경제평등 이념을 실천하겠다는 사회민주주의 체제를 추구하고 있다. 전후 신생독립국들도 거의 대부분이 사회민주주의 체제를 따라 해 왔다. 이미 북한을 제외하고는 모두 망했지만 사회주의 국가들은 더 강력하게 국가에 의한 배급제도를 통해 완전한 평등사회를 지향했었다. 그런데도 오늘날 결과는 정반대로, 성장은 정체되고 불평등은 더 심화된 것이다.

여기에 한국도 예외가 아니다. 한국은 1980년대 중·후반 이후 정치민주화와 경제정의, 경제민주화 깃발을 내걸고 박정희 시대가 경제불평등을 초래했으니 이제 반 박정희 식으로 하여 국가사회 균형발전을 이루겠다고, 정부의 적극적인 규제와 개입을 통해 대·중소기업 간의 균형과 지역균형 발전, 그리고 교육평준화 등 사회균형을 달성하기 위한 평등주의적 정책들을 추구해 왔다. 그리고 이것이 한국경제 선진화의 길이라 주장해 왔다. 그런데 이런 정책을 30여 년 해 온 결과 오늘날 한국이 진정으로 선진화되고 소득분배가 보다 개선되고 경제성장이 제대로 이루어지고 있는가? 불행하게도 지금의 성장잠재력은 1950년대 수준에도 못 미치고 소득분배는 지난 30년간 계속 악화되어 왔다. 그런데도 정치권이나 일부 학계에서는 여전히 반 박정희 식 경제민주화를 더 강화해야 한다고 목소리를 높이고 있다.

세계경제도 한국경제도 도대체 어디서 동반성장의 해법을 찾을 것인가? 일자리가 넘치고 너도나도 계층 상승의 희망을 안고 살아갈 수 있는 길은 없는 것인가?

여기서 필자는 우리 대한민국이 한때 이런 희망의 역사를 썼다는 놀라운 역사적 사실에 주의를 환기하고자 했다. 그동안 한국의 대부분의 학계나 정치계는 거의 모두 박정희 시대가 오늘날의 한국경제 불균형을 초래한 원인이라고 철석같이 믿고 박정희 반대로 해야 선진국이 된다고 믿어 왔으나, 사실은 박정희 시대야말로 '세계 최고의 동반성장'을 달성한 시대였음을 잊어서는 안 된다. 세계은행 (World Bank 1993)이 전 세계 40여 개 주요국들의 1965~85년 평균 경제성장률과 소득분배 상태를 비교 분석한 연구에 의하면 한국이 세계 최고의 성장과 동시에 최상위권의 양호한 소득분배 상태를 시현한 것으로 분석되었다. 사실상 박정희 시대 세계 최고의 동반성장 경험은 당대는 물론 인류 역사상 불멸의 최고 기록이라 해도 과언이 아니다.

그동안 한국은 각종의 잘못된 정보와 때로는 이념적 진영 논리, 비근하게는 정치적 목적 등으로 박정희 시대를 학문적 연구의 대상이라기보다는 청산 혹은 기피의 대상으로 여겨 왔다. 이런 사회 분위기가 박정희 시대에 대한 잘못된 신화를 만들어 낸 것이다.

박정희 경제정책은 '하늘은 스스로 돕는 자를 돕는다'는 신상필벌의 시장 원리를 적용, 실천함으로써 모든 국민들과 새마을, 기업들을 자조하는 주체들로 탈바꿈시켜 동반성장을 이루어 냈지만, 지난 30년 동안의 경제정책은 거꾸로 스스로 돕지 않는 국민들을 더 우대함으로써 실패를 자기 책임이 아니라 사회의 책임으로 돌려 국가가 모든 책임을 질 것을 요구하는 반 자조적 국민들을 양산함으로써 동반성장의 동기를 차단해 왔다. 이 결과가 바로 저성장, 양극화로 나타나고 있는 것이다. 동반성장의 기적을 일군 우리의 역사는 버리고 해외에서, 그것도 과도한 소득재분배와 복지로 반 자조적 국민을 양산하여 저성장과 양극화로 질주하는 소위 선진국들로부터 선진화의 답을 찾아 헤맨 지난 30년, 우리는 지금 참담한 결과에 봉착하게 된 것이다.

이제 한국경제가 성장의 역동성과 본연의 동반성장을 회복하는 길은 하루빨리 평등주의적 포퓰리즘 민주정치에서 벗어나 경제적 차별화 원리에 따라, 열심히 노력하여 성공하는 국민들을 제대로 대접함으로써 모든 국민들이 '실패도 성공도 나 하기 나름'이라는 철저한 자조, 자립 이념을 체화할 수 있도록 유도하는 길밖에 없어 보인다. 경제제도나 정책이 신상필벌의 차별화 원리를 표방하여 경제적 성과가 보다 더 대접받게 함으로써 모두가 동기부여되어 너도 나도 성장발전의 길에 나섬으로써 '흥하는 이웃'이 양산될 수 있어야 동반성장이 가능한 법이다.

이것이 바로 지난 200여 년의 자본주의 경제발전사는 물론 한국의 박정희 산업혁명, 그리고 새로운 '경제발전의 일반이론'이 시사하는 바이다. 선진국들의 경험을 통해서 이미 실패가 입증된, 재분배에 매달리는 경제민주화나 동반성장 전략은 동반성장은 고사하고 모두 하향평준화되는 저성장과 양극화를 조장할 뿐임을 직시해야 한다.

위기의 한국경제, 박정희 산업혁명에 길을 물어야 답을 구할 수 있으리라 생각한다.

참고문헌

김인규

    2014 『박정희, 압축민주화로 이끌다』. 기파랑.

김정렴

    1997 『아, 박정희(김정렴 정치회고록)』. 중앙M&B.

    2006 『최빈국에서 선진국 문턱까지: 한국경제정책 30년사』. 랜덤하우스 중앙.

내무부

    1980 『새마을운동 10년사(자료편)』.

유리 그니즈·존 리스트, 안기순 옮김

    2014 『무엇이 행동하게 하는가?』. 김영사.

정운찬

    2015(편저) 『한국사회가 묻고 동반성장이 답하다』. 동반성장연구소.

조갑제·김은중

    2003 "위대한 CEO 박정희의 특명", 『월간조선』 7월호, 242-77쪽.

조순

    2015 『자본주의 경제의 지속적 발전을 위한 경제운영의 원리』. 대한민국 학술원.

좌승희

    1975 "한계주의 분배론에 대한 비판적 고찰", 서울대학교 석사학위논문.

2006 『신 국부론: 차별화와 발전의 경제학』. 굿인포메이션.

2008 『발전경제학의 새 패러다임: 진화를 넘어 차별화로』. 율곡.

2012 『경제발전의 철학적 기초』. 서울대 출판문화원.

2012a "세계경제위기의 진실, 자본주의의 문제인가?", 『시대정신』 제
57호.

2015 『박정희, 살아 있는 경제학』. 백년동안.

2015a "대동강 기적을 향하여: 통일한국의 새로운 패러다임", 민주평화
통일자문회의 광복 70주년 기념 대토론회 주제발표 자료, 3월.

2015b "'대동강기적'의 새 통일패러다임", 광복70주년·한일국교 50주
년 기념 한일공동주최 제14회 동아시아 국제심포지엄 발표자료,
8월.

좌승희·이병욱

2016 『새마을운동의 경제발전이론화와 실증적 효과분석』, 영남대학교
새마을국제개발기획연구.

좌승희·이태규

2016 『자본주의 신 경제발전론: 기업부국 패러다임』. 한국경제연구원.

좌승희·조봉현·이태규

2015 "북한경제발전의 새 패러다임: 대동강기적의 점화", 연구자료
2015-01, KDI.

중앙일보

2008 "세계적 철학자 7명 릴레이 인터뷰 ②: 탕이지에 베이징대 교수",
1월 9일.

최윤재

    2000 『한비자가 나라를 살린다: 경제학자가 제안하는 통쾌한 한국개혁론』. 청년사.

현경대

    1988 『신헌법』. 박문각.

Acemoglu, Daron, and David Autor

    2011 "Skills, Tasks and Technologies: Implications for Employment and Earnings," in Orley Ashenfelter and David Card, eds., *Handbook of Labor Economics*, vol. 4, pp. 1043-171. Amsterdam: Elsevier.

Alchian, Armen A., and William R. Allen

    1977 *Exchange and Production: Competition, Coordination, and Control*, 2nd ed. Belmont: Wadsworth Publishing Company.

Beinhocker, Eric

    2006 *The Origin of Wealth: Evolution, Complexity, and the Radical Remaking of Economics*. Harvard Business School Press.

Coase, Ronald

    1937 "The Nature of the Firm," *Economica* 4, 16: 386-405.

Cowen, Tyler

    2011 *The Great Stagnation*. New York: Dutton.

Dahl, Robert

    1985 *A Preface to Economic Democracy*. Cambridge: Polity Press.

1998 *On Democracy.* New Haven: Yale University Press.

El-Erian, Mohamed A.

2010 "Navigating the New Normal in Industrial Countries," The Per Jacobsson Lecture. Washington DC: Per Jacobsson Foundation.

Fukuyama, Francis

1992 *The End of History and the Last Man.* New York: Free Press.

Gneezy, Uri, and John List

2013 *The Why Axis: Hidden Motives and the Undiscovered Economics of Everyday Life* (Kindle edition). Public Affairs, New York: Princeton.

Gordon, Robert J.

2016 *The Rise and Fall of American Growth: The U.S. Standard of Living since the Civil War.* Princeton: Princeton University Press.

Jwa, Sung Hee

2017 *A General Theory of Economic Development: Toward a Capitalist Manifesto.* Cheltenham: Edward Elgar.

Jwa, Sung Hee, and Yong Yoon

2004 "Political Institutions and Economic Development: A Study in Economic Discrimination and Political Philosophy," *Seoul Journal of Economics*, 17, 3: 275-307.

Krugman, Paul

2013 "Secular Stagnation, Coalmines, Bubbles, and Larry Summers," *New York Times*, November 16.

Piketty, Thomas

　　2014　*Capital in the Twenty First Century.* Cambridge, MA: The Belknap Press of Harvard University Press.

Sakong, Il and Youngsun Koh, eds.

　　2010　*The Korean Economy: Six Decades of Growth and Development.* Seoul: The Committee for the 60-Years History of Korean Economy, Korea Development Institute.

Smiles, Samuel

　　1859　*Self Help: With Illustrations of Conduct and Perseverance*, in David Price, ed., internet online version, December 28, 2014.

Stiglitz, Joseph

　　2012　*The Price of Inequality.* New York: W.W. Norton and Company.

Summers, Lawrence

　　2013　"Why Stagnation Might Prove to Be the New Normal," *Financial Times*, December 15.

　　2014　"U.S. Economic Prospects: Secular Stagnation, Hysterisis, and the Zero Lower Bound," *Business Economics* 49(2): 65 - 73.

　　2016　"The Age of Secular Stagnation: What It Is and What to Do About It," *Foreign Affairs*, Mar/Apr, pp. 2-9.

Tversky, Amos, and Daniel Kahneman

　　1981　"The Framing of Decisions and the Psychology of Choice," *Science* 211, 4481: 453-58.

World Bank

    1993   *The East Asian Miracle: Economic Growth and Public Policy*. New York: Oxford University Press.

Welch, Jack

    2005   *Winning*. New York: Harper Collins.

70억 세계 인류, 박정희에게 길을 묻다

세계는 지난 50~60년간 '경제평등'의 길을 추구했지만 오늘날 저성장과 양극화라는, 전혀 의도하지도 기대하지도 않은 결과에 직면하고 있다.

한국은 박정희 대통령으로부터 시작되는 개발연대 30년 가까운 기간 동안 세계은행이 밝힌 바와 같이 당대는 물론 아마 역사상 최단기간 내 최고의 동반성장을 실현하였다. 그래서 우리는 자랑스럽게 이 시대를 '한강의 기적'이라 부르고 있다. 오늘날 전 세계 후진국들은 물론 발전이 멈춘 선진국들마저도 당시 한국의 국가운영 패러다임을 배우고자 애를 쓰고 있다. 세계 70억 인류가 박정희에게 동반성장의 길을 묻고 있는 것이다.

그러나 한국은 기적을 이룬 박정희의 국가운영 방식이 잘못되었다며 지난 30여 년 동안 박정희 청산에 몰두해 왔다. 박정희가 한 반대로 해야 모두 행복한 선진국이 된다는 것이다. 그러나 오늘날 한국경제는 행복한 선진국은 고사하고 역시 저성장과 양극화라는, 전혀 원치도 목적하지도 않은 결과에 직면하고 있다. 박정희 대통령이 하는 일에 하나에서 열까지 반대만 하던 사람들, 그리고 사후 박정희 부정과 청산의 대열에 앞장섰던 사람들은 그러나 말이 없다.

박정희 대통령이 반공을 국시의 제일로 삼고 공산·사회주의의 발호를 막느라 영일이 없던 시절, 선진국들이 공산주의에 대응한다며 고작 한 일이란 공산주의자들이 주장하는 자본주의 불평등 모순론에 현혹되어 자본주의를 사회주의적으로 개혁하는 일이었다. 영미권은 수정자본주의, 서유럽은 사회민주주의를 제각기 내걸고 복지국가를 지향했다. 자본주의를 사회주의에 가깝게 수정해 나가면 경제적으로 보다 평등한 복지국가를 건설할 수 있고, 공산주의의 발호도 막을 수 있다는 환상에 빠진 것이다. 선진국들뿐 아니라 제2차 세계대전 이후 사회주의 체제를 선택했거나 독재에 시달리던 후진국들, 몰락한 체제전환국들도 민주화 과정을 거치면서 하나같이 사회민주주의체제로 전환했다. 이처럼 사회주의의 이념을 민주주의의 방식으로 실현하면 모두 평등하고 행복한 세상을 이룰 수 있다는 사회민주주의의 유령이 전 세계를 휩쓸고 있다.

이는 물론 전혀 근거 없는 희망사항일 뿐이다. 민주적 시장경제니, 경제민주화니, 사회민주주의니 하는 용어들은 모두 말은 달라도 본질은 이미 몰락한 사회주의의 변종에 불과하다. 그런데도 전 세계는 '민주주의와 사회주의의 결합'이라는 미망에서 좀처럼 헤어 나오지 못하고 있다. 지난 50~60년 동안 사회주의 국가는 사회주의 국가대로, 자본주의 국가는 자본주의 국가대로 모두 경제적으로 보다 평등한 사회를 내세웠지만, 평등한 세상은 고사하고 불평등이 증가하고, 경제성장의 시계바늘은 멈춰 서고 만 것이 현실이다. 성장이 멈춘 나라들이 으레 겪는 계층 간 분열, 점증하는 범죄·폭력·국제테러로 세계 곳곳이 몸살을 앓고 있다. '성장보다 분배'라는 복지국가의 환상은 여지없이 깨지고 말았다. 한국도 예외가 아님을 우리 모두 실감하고 있다.

그러나 그 어디서도 해법이 제시되기는커녕, 재분배를 더 강화하여 양극화를 해소하자는 식상한 목소리만 여전히 기세 높다. 새로운 파이를 더 이상 만들어 내지 못하고 있는데, 무엇을 공평하게 나눈단 말인가? 이는 기존의 자유민주주의 국가들마저 사회주의의 경제평등 이념을 정책기조로 내건 때문이다. 사회주의 '체제'는 공식적으로 멸망했지만, 그 '이념'은 이처럼 자본주의 시장경제를 쓰나미처럼 휩쓸고 있다.

우리는 지금의 저성장과 양극화라는 경제문제와 이로 인한 각종 사회문제의 해법이 박정희 국가운영 패러다임에 있다고 확신한다. 박정희 18년을 포함한 30년, 한국은 세계 최고의 동반성장을 기록했다는 산 경험이 생생하기 때문이다. 그리고 이 기록은 정치적 고려에서 아무리 지우려 해도 지워질 수 없는 인류사의 금자탑이기 때문이다.

박정희 대통령은 5·16 혁명공약을 통해 "반공을 국시의 제일"로 삼는다고 선언하였고, 1968년 「국민교육헌장」을 통해 "반공 민주 정신에 투철한 애국애족이 우리의 삶의 길이며, 자유세계의 이상을 실현하는 기반"이라고 선언하였다. 2차대전 이후 세계가 마르크스의 자본주의 모순론을 쫓아 일제히 사회주의화의 길을 걸었는데 오직 박정희 대통령만이 이를 막아 낸 것이다.

민주주의가 만병통치약이 될 수 없다는 사실은 세계사가 증명하고 있다. 20세기의 역사적 경험을 통해서 보면 민주주의는 그 많은 장점에도 불구하고, 민주주의 이념의 과잉으로 민주가 신격화되고, 자유는 방종이 되고, 정치적 평등은 경제적 평등으로 변질되면서 인기영합주의나 사회민주주의로 전락할 수밖에 없었다. 지속가능한 민주주의는 역사적으로도 이론적으로도 경제성장과 산업화에 뒤따르는 것이다. 민주주의는 경제발전을 먹고 자라지만, 1인 1표 민주주의의 평등이념이 경제에까지 침투하면 '경제를 정치화'하여 경제를 좀먹는다는 것이 지난 반세기 이상의 경험이다. 박정희 대통령은 인기영합주의와 사회민주주의를 막고 반공의 이념을 지켜 냄으로써 대한민국 자본주의의 꽃을 피웠다. 이를 반(反)민주라고 폄하하는 세력도 있지만, 오늘날과 같은 정치행태에서라면 과연 그 어렵고 힘든 근대화 과정이 가능했을까를 생각하면 답은 명료해진다.

박정희 대통령은 모든 국민을 사랑했지만, 모두 다 그냥 평등하게 대우하지 않았다. 스스로 도와 일어서고자 발버둥 치는 국민과 기업을 언제나 더 우대하고 앞세웠다. 그래서 조선조 이래 사농공상(士農工商)의 계급 이념에 억눌려 온 농민, 상인, 기술자들의 성취의욕을 살려 내어 근대화에 성공하였다. 자조(自助)하는 국민을 앞세움으로써 모든 국민을 자조하는 국민으로 바꿔 내고, 온 국민을 음지에서 양지로 이끌어 냈다. 재분배, 복지국가, 균형발전 같은 이념을 요란히 내세우지 않으면서도 자조를 바탕으로 모두를 동반성장의 길로 이끌었다. 인류 역사상 유례없는 초고속 수출성장이 그러했고, 안 된다던 중화학공업화의 성공이 그러했고, 새마을운동의 성공이 그러했으며, 중소기업을 대기업으로 육성한 전략 역시 그러했다.

그러나 박정희 대통령 사후 세상은 너무나 빠르게 바깥 조류에 휩쓸렸다. '정의사회', '공정사회', '균형과 평등', '경제민주화'라는 이름 하에 사회민주주의라는 기형적 풍조가 팽배하고, 국가·사회·지역·기업 생태계의 균형발전이라는 사회주의 이념이 성장과 발전의 이념을 대체하기 시작했다. 민주화가 과잉으로 치달으면서 사회 곳곳에서 경제적 수월성(秀越性)을 폄하하고 평등을 앞세우는 일이 일반화되었다. 경제적 성과가 선양되던 시절은 가고 균형과 평등이 시대정신으로 풍미하게 되었다. 스스로 돕는 국민과 마을과 기업과 지역이 사라지니 사회의 역동성도 따라서 약화되었다. 동반성장을 이끈 중산층이 무너지면서 한국은 이제 저성장과 양극화의 구렁텅이로 질주하고 있다. 자신의 길을 스스로 개척하는 국민을 선양하지 않는 사회가 어찌 역동적인 국민을 키워 낼 수 있겠는가?

급기야 이러한 자기실패를 남의 탓이라, 국가와 사회의 탓이라고 우겨대는 사람들이 넘쳐날 지경이 되었다. 박정희 대통령이 그렇게 애써 지키려 노력한 반공의 보루는 세계의 사회주의화 조류에 휩쓸려 유실되고 말았다. 자본주의 신상필벌(信賞必罰)의 시장원칙 하에 스스로 돕는 자를 우대 선양함으로써 세계사상 최고의 동반성장을 이룬 '박정희 정신'도 함께 유실되어 버렸다.

지난 세월 민주화를 표방하며 박정희 청산에 열을 올리던 사람들은 이제 갈피를 못 잡고 있다. 저성장과 양극화를 추구한 사람은 한 사람도 없었고, 국가 또한 그런 목적의 정책을 내놓지 않았다. 민주화되고 선진국의 정책을 따라 하면 선진국이 될 것으로 철석같이 믿고 따라 했는데, 기대하지 않은 정반대의 결과에 직면했으니 어찌 참담하지 않겠는가.

박정희 대통령 탄생 100주년(1917~2017)을 맞이하여 우리는 겸허한 반성의 염(念)으로 옷깃을 여미며, 삼가 박정희 시대를 재조명하고자 한다. 세계가 깜짝 놀랄 최고의 동반성장을 이룬 박정희의 산업혁명 경험은 대한민국의 소중한 조국근대화의 산물이다. 이를 바르게 알리고 익히게 하는 것이 오늘을 사는 우리의 사명이라 여긴다. 조국근대화라는 부국강병의 마스터플랜을 성공적으로 완수한 박정희 대통령의 국가운영 패러다임을 전방위적으로 놀아보는 것은 그런 점에서 뜻깊은 일이 아닐 수 없다.

박정희 대통령의 업적과 성과는 순수한 역사의 기록물을 넘어, 역사를 올바르게 해석하고 바로세워 대한민국은 물론 70억 인류의 번영의 길을 모색하는 길이기도 하다. 박정희를 역사 속에 사장(死藏)하는 것이 능사가 아니며, 그 성공의 진수를 되살려 내는 것이야말로 대한민국을 포함하여 전 세계가 안고 있는 숱한 경제적 난제들을 극복하고 해결의 실마리를 찾는 길이 되리라 확신한다.

이 책과 함께 출간되는 일련의 박정희 연구서와 교양서들은 바로 이런 비전에 공감하는 국내 연구자들의 연구 성과를 모아 놓은 것이다. 필자는 (재)박정희대통령기념재단 이사장으로서 이 간행물들이 박정희 대통령의 업적을 다각도로 조명하고 오늘에 되살리는 마중물이 될 것을 기대하며, 미흡한 부분은 지속적으로 보완해 나갈 것을 약속드린다.

끝으로 이 책을 포함한 박정희 연구서와 교양서들이 나올 수 있도록 도와주신 분들께 감사를 드리고자 한다. 우선 일 년이 넘도록 격주 세미나를 통해 연구주제와 집필자 선정에 도움을 준 본 재단 박정희연구회 회장 류석춘 교수와 회원 여러분들에게 감사한다. 기획 단계에서 간행에 이르기까지 전 과정을 함께한 본 재단 편집자문위원회의 조우석 위원장과 류석춘 현진권 김용삼 남정옥 위원, 그리고 출판계 안팎 사정의 어려움도 아랑곳 않고 흔쾌히 출판을 맡아 준 기파랑의 안병훈 대표님, 허인무 팀장, 김세중 편집자에게도 지면을 통해 깊은 감사의 말씀을 드린다.

박정희, 동반성장의 경제학

1판 1쇄 발행일 2018년 2월 1일

지은이 좌승희
펴낸이 안병훈
펴낸곳 도서출판 기파랑
디자인 커뮤니케이션 울력
등록 2004년 12월 27일 제300-2004-204호
주소 서울특별시 종로구 대학로8가길 56(동숭동 1-49) 동숭빌딩 301호
전화 02-763-8996(편집부) 02-3288-0077(영업마케팅부)
팩스 02-763-8936
이메일 info@guiparang.com

ISBN 978-89-6523-661-0 03300